René Guénon

LE ROI DU MONDE

René Guénon
(1886-1951)

Le Roi du Monde

Première édition en 1958
par *Gallimard*, Paris

Publié par
Omnia Veritas Ltd

www.omnia-veritas.com

CHAPITRE I
NOTIONS SUR « L'AGARTTHA » EN OCCIDENT 7

CHAPITRE II
ROYAUTÉ ET PONTIFICAT 15

CHAPITRE III
LA « SHEKINAH » ET « METATRON » 28

CHAPITRE IV
LES TROIS FONCTIONS SUPRÊMES 42

CHAPITRE V
LE SYMBOLISME DU GRAAL 56

CHAPITRE VI
« MELKI-TSEDEQ » 67

CHAPITRE VII
« LUZ » OU LE SÉJOUR D'IMMORTALITÉ 85

CHAPITRE VIII
LE CENTRE SUPRÊME CACHÉ PENDANT LE « KALI-YUGA » 97

CHAPITRE IX
L'« OMPHALOS » ET LES BÉTYLES 105

CHAPITRE X
NOMS ET REPRÉSENTATIONS SYMBOLIQUES DES CENTRES SPIRITUELS 119

CHAPITRE XI
LOCALISATION DES CENTRES SPIRITUELS 127

CHAPITRE XII
QUELQUES CONCLUSIONS 137

DÉJÀ PARUS 143

Chapitre I

NOTIONS SUR « L'AGARTTHA » EN OCCIDENT

L'ouvrage posthume de Saint-Yves d'Alveydre intitulé *Mission de l'Inde*, qui fut publié en 1910[1], contient la description d'un centre initiatique mystérieux désigné sous le nom d'*Agarttha* ; beaucoup de lecteurs de ce livre durent d'ailleurs supposer que ce n'était là qu'un récit purement imaginaire, une sorte de fiction ne reposant sur rien de réel. En effet, il y a là-dedans, si l'on veut y prendre tout à la lettre, des invraisemblances qui pourraient, au moins pour qui s'en tient aux apparences extérieures, justifier une telle appréciation ; et sans doute Saint-Yves avait-il eu de bonnes raisons de ne pas faire paraître

---

[1] 2ᵉ éd., 1949.

lui-même cet ouvrage, écrit depuis fort longtemps, et qui n'était vraiment pas mis au point. Jusque-là, d'un autre côté, il n'avait guère, en Europe, été fait mention de l'*Agarttha* et de son chef, le *Brahmâtmâ*, que par un écrivain fort peu sérieux, Louis Jacolliot[2], dont il n'est pas possible d'invoquer l'autorité ; nous pensons, pour notre part, que celui-ci avait réellement entendu parler de ces choses au cours de son séjour dans l'Inde, mais il les a arrangées, comme tout le reste, à sa manière éminemment fantaisiste. Mais il s'est produit, en 1924, un fait nouveau et quelque peu inattendu : le livre intitulé *Bêtes, Hommes et Dieux*, dans lequel M. Ferdinand Ossendowski raconte les péripéties du voyage mouvementé qu'il fit en 1920 et 1921 à travers l'Asie centrale, renferme, surtout dans sa dernière partie, des récits presque identiques à ceux de Saint-Yves ; et le bruit qui a été fait autour de ce livre fournit, croyons-nous, une occasion favorable pour rompre enfin le silence sur cette question de l'*Agarttha*.

---

[2] Les Fils de Dieu, pp. 236, 263-267, 272 ; Le Spiritisme dans le Monde, pp. 27-28.

Naturellement, des esprits sceptiques ou malveillants n'ont pas manqué d'accuser M. Ossendowski d'avoir purement et simplement plagié Saint-Yves, et de relever, à l'appui de cette allégation, tous les passages concordants des deux ouvrages ; il y en a effectivement un bon nombre qui présentent, jusque dans les détails, une similitude assez étonnante. Il y a d'abord ce qui pouvait paraître le plus invraisemblable chez Saint-Yves lui-même, nous voulons dire l'affirmation de l'existence d'un monde souterrain étendant ses ramifications partout, sous les continents et même sous les océans, et par lequel s'établissent d'invisibles communications entre toutes les régions de la terre ; M. Ossendowski, du reste, ne prend pas cette affirmation à son compte, il déclare même qu'il ne sait qu'en penser, mais il l'attribue à divers personnages qu'il a rencontrés au cours de son voyage. Il y a aussi, sur des points plus particuliers, le passage où le « Roi du Monde » est représenté devant le tombeau de son prédécesseur, celui où il est question de l'origine des Bohémiens, qui auraient vécu jadis dans l'*Agarttha*[3], et bien

---

[3] Nous devons dire à ce propos que l'existence de peuples « en tribulation », dont les Bohémiens sont un des exemples les plus

d'autres encore. Saint-Yves dit qu'il est des moments, pendant la célébration souterraine des « Mystères cosmiques », où les voyageurs qui se trouvent dans le désert s'arrêtent, où les animaux eux-mêmes demeurent silencieux[4] ; M. Ossendowski assure qu'il a assisté lui-même à un de ces moments de recueillement général. Il y a surtout, comme coïncidence étrange, l'histoire d'une île, aujourd'hui disparue, où vivaient des hommes et des animaux extraordinaires : là, Saint-Yves cite le résumé du périple d'Iambule par Diodore de Sicile, tandis que M. Ossendowski parle du voyage d'un ancien bouddhiste du Népal, et cependant leurs descriptions sont fort peu différentes ; si vraiment il existe de cette histoire deux versions provenant de sources aussi éloignées l'une de l'autre, il pourrait être intéressant de les retrouver et de les comparer avec soin.

Nous avons tenu à signaler tous ces rapprochements, mais nous tenons aussi à dire

---

frappants, est réellement quelque chose de fort mystérieux et qui demanderait à être examiné avec attention.

[4] Le Dr Arturo Reghini nous a fait remarquer que ceci pouvait avoir un certain rapport avec le *timor panicus* des anciens ; ce rapprochement nous paraît en effet extrêmement vraisemblable.

qu'ils ne nous convainquent nullement de la réalité du plagiat ; notre intention, d'ailleurs, n'est pas d'entrer ici dans une discussion qui, au fond, ne nous intéresse que médiocrement. Indépendamment des témoignages que M. Ossendowski nous a indiqués de lui-même, nous savons, par de tout autres sources, que les récits du genre de ceux dont il s'agit sont chose courante en Mongolie et dans toute l'Asie centrale ; et nous ajouterons tout de suite qu'il existe quelque chose de semblable dans les traditions de presque tous les peuples. D'un autre côté, si M. Ossendowski avait copié en partie la *Mission de l'Inde*, nous ne voyons pas trop pourquoi il aurait omis certains passages à effet, ni pourquoi il aurait changé la forme de certains mots, écrivant par exemple *Agharti* au lieu d'*Agarttha*, ce qui s'explique au contraire très bien s'il a eu de source mongole les informations que Saint-Yves avait obtenues de source hindoue (car nous savons que celui-ci fut en relations avec deux Hindous au moins)[5] ; nous ne comprenons pas

---

[5] Les adversaires de M. Ossendowski ont voulu expliquer le même fait en prétendant qu'il avait eu en mains une traduction russe de la *Mission de l'Inde*, traduction dont l'existence est plus que problématique, puisque les héritiers mêmes de Saint-Yves l'ignorent entièrement. — On a reproché aussi à M. Ossendowski d'écrire *Om*

davantage pourquoi il aurait employé, pour désigner le chef de la hiérarchie initiatique, le titre de « Roi du Monde » qui ne figure nulle part chez Saint-Yves. Même si l'on devait admettre certains emprunts, il n'en resterait pas moins que M. Ossendowski dit parfois des choses qui n'ont pas leur équivalent dans la *Mission de l'Inde*, et qui sont de celles qu'il n'a certainement pas pu inventer de toutes pièces, d'autant plus que, bien plus préoccupé de politique que d'idées et de doctrines, et ignorant de tout ce qui touche à l'ésotérisme, il a été manifestement incapable d'en saisir lui-même la portée exacte. Telle est, par exemple, l'histoire d'une « pierre noire » envoyée jadis par le « Roi du Monde » au *Dalaï-Lama*, puis transportée à Ourga, en Mongolie, et qui disparut il y a environ cent ans[6] ; or, dans de nombreuses traditions, les « pierres noires » jouent un rôle important, depuis

---

alors que Saint-Yves écrit *Aum* ; or, si *Aum* est bien la représentation du monosyllabe sacré décomposé en ses éléments constitutifs, c'est pourtant *Om* qui est la transcription correcte et qui correspond à la prononciation réelle, telle qu'elle existe tant dans l'Inde qu'au Thibet et en Mongolie ; ce détail est suffisant pour permettre d'apprécier la compétence de certains critiques.

[6] M. Ossendowski, qui ne sait pas qu'il s'agit d'un aérolithe, cherche à expliquer certains phénomènes, comme l'apparition de caractères à sa surface, en supposant que c'était une sorte d'ardoise.

celle qui était le symbole de Cybèle jusqu'à celle qui est enchâssée dans la *Kaabah* de La Mecque[7]. Voici un autre exemple : le *Bogdo-Khan* ou « Bouddha vivant », qui réside à Ourga, conserve, entre autres choses précieuses, l'anneau de Gengis-Khan, sur lequel est gravé un *swastika*, et une plaque de cuivre portant le sceau du « Roi du Monde » ; il semble que M. Ossendowski n'ait pu voir que le premier de ces deux objets, mais il lui aurait été assez difficile d'imaginer l'existence du second : n'aurait-il pas dû lui venir naturellement à l'esprit de parler ici d'une plaque d'or ?

Ces quelques observations préliminaires sont suffisantes pour ce que nous nous proposons, car nous entendons demeurer absolument étranger à toute polémique et à toute question de personnes ;

---

[7] Il y aurait aussi un rapprochement curieux à faire avec le *lapsit exillis*, pierre tombée du ciel et sur laquelle des inscriptions apparaissaient également en certaines circonstances, qui est identifiée au Graal dans la version de Wolfram d'Eschenbach. Ce qui rend la chose encore plus singulière, c'est que, d'après cette même version, le Graal fut finalement transporté dans le « royaume du prêtre Jean », que certains ont voulu précisément assimiler à la Mongolie, bien que d'ailleurs aucune localisation géographique ne puisse ici être acceptée littéralement (cf. *L'Ésotérisme de Dante*, éd. 1957, pp.35-36, et voir aussi plus loin).

si nous citons M. Ossendowski et même Saint-Yves, c'est uniquement parce que ce qu'ils ont dit peut servir de point de départ à des considérations qui n'ont rien à voir avec ce qu'on pourra penser de l'un et de l'autre, et dont la portée dépasse singulièrement leurs individualités, aussi bien que la nôtre, qui, en ce domaine, ne doit pas compter davantage. Nous ne voulons point nous livrer, à propos de leurs ouvrages, à une « critique de textes » plus ou moins vaine, mais bien apporter des indications qui n'ont encore été données nulle part, à notre connaissance tout au moins, et qui sont susceptibles d'aider dans une certaine mesure à élucider ce que M. Ossendowski appelle le « mystère des mystères »[8].

---

[8] Nous avons été fort étonné en apprenant récemment que certains prétendaient faire passer le présent livre pour un « témoignage » en faveur d'un personnage dont l'existence même nous était totalement inconnue à l'époque où nous l'avons écrit ; nous opposons le plus formel démenti à toute assertion de ce genre, de quelque côté qu'elle puisse venir, car il s'agit exclusivement pour nous d'un exposé de données appartenant au symbolisme traditionnel et n'ayant absolument rien à voir avec des « personnifications » quelconques.

Chapitre II

ROYAUTÉ ET PONTIFICAT

Le titre de « Roi du Monde », pris dans son acception la plus élevée, la plus complète et en même temps la plus rigoureuse, s'applique proprement à *Manu*, le Législateur primordial et universel, dont le nom se retrouve, sous des formes diverses, chez un grand nombre de peuples anciens ; rappelons seulement, à cet égard, le *Mina* ou *Ménès* des Égyptiens, le *Menw* des Celtes et le *Minos* des Grecs[9]. Ce nom, d'ailleurs, ne désigne nullement un personnage historique ou plus ou moins légendaire ; ce qu'il désigne en

---

[9] Chez les Grecs, *Minos* était à la fois le Législateur des vivants et le Juge des morts ; dans la tradition hindoue, ces deux fonctions appartiennent respectivement à *Manu* et à *Yama*, mais ceux-ci sont d'ailleurs représentés comme frères jumeaux, ce qui indique qu'il s'agit du dédoublement d'un principe unique, envisagé sous deux aspects différents.

réalité, c'est un principe, l'Intelligence cosmique qui réfléchit la Lumière spirituelle pure et formule la Loi (*Dharma*) propre aux conditions de notre monde ou de notre cycle d'existence ; et il est en même temps l'archétype de l'homme considéré spécialement en tant qu'être pensant (en sanscrit *mânava*).

D'autre part, ce qu'il importe essentiellement de remarquer ici, c'est que ce principe peut être manifesté par un centre spirituel établi dans le monde terrestre, par une organisation chargée de conserver intégralement le dépôt de la tradition sacrée, d'origine « non humaine » (*apaurushêya*), par laquelle la Sagesse primordiale se communique à travers les âges à ceux qui sont capables de la recevoir. Le chef d'une telle organisation, représentant en quelque sorte *Manu* lui-même, pourra légitimement en porter le titre et les attributs ; et même, par le degré de connaissance qu'il doit avoir atteint pour pouvoir exercer sa fonction, il s'identifie réellement au principe dont il est comme l'expression humaine, et devant lequel son individualité disparaît. Tel est bien le cas de l'*Agarttha*, si ce centre a recueilli, comme l'indique Saint-Yves, l'héritage de l'antique « dynastie solaire » (*Sûrya-vansha*) qui résidait jadis à

Ayodhyâ[10], et qui faisait remonter son origine à *Vaivaswata*, le *Manu* du cycle actuel.

Saint-Yves, comme nous l'avons déjà dit, n'envisage pourtant pas le chef suprême de l'*Agarttha* comme « Roi du Monde » ; il le présente comme « Souverain Pontife », et, en outre, il le place à la tête d'une « Église brâhmanique », désignation qui procède d'une conception un peu trop occidentalisée[11]. Cette dernière réserve à part, ce qu'il dit complète, à cet égard, ce que dit de son côté M. Ossendowski ; il semble que chacun d'eux n'ait vu que l'aspect qui répondait le plus directement à ses tendances et à ses préoccupations dominantes, car, à la vérité, il s'agit ici d'un double pouvoir, à la fois sacerdotal et royal. Le caractère « pontifical », au sens le plus vrai de ce mot,

---

[10] Ce siège de la « dynastie solaire », si on l'envisage symboliquement, peut-être rapproché de la « Citadelle solaire » des Rose-Croix, et sans doute aussi de la « Cité du Soleil » de Campanella.

[11] Cette dénomination d'« Église brâhmanique », en fait, n'a jamais été employée dans l'Inde que par la secte hétérodoxe et toute moderne du *Brahma-Samâj*, née au début du XIXe siècle sous des influences européennes et spécialement protestantes, bientôt divisée en de multiples branches rivales, et aujourd'hui à peu près complètement éteinte ; il est curieux de noter qu'un des fondateurs de cette secte fut le grand-père du poète Rabindranath Tagore.

appartient bien réellement, et par excellence, au chef de la hiérarchie initiatique, et ceci appelle une explication : littéralement, le *Pontifex* est un « constructeur de ponts », et ce titre romain est en quelque sorte, par son origine, un titre « maçonnique » ; mais, symboliquement, c'est celui qui remplit la fonction de médiateur, établissant la communication entre ce monde et les mondes supérieurs[12]. À ce titre, l'arc-en-ciel, le « pont céleste », est un symbole naturel du « pontificat » ; et toutes les traditions lui donnent des significations parfaitement concordantes : ainsi, chez les Hébreux, c'est le gage de l'alliance de Dieu avec son peuple ; en Chine, c'est le signe de l'union du Ciel et de la Terre ; en Grèce, il représente *Iris*, la « messagère des Dieux » ; un peu partout, chez les Scandinaves aussi bien que chez les Perses et les Arabes, en Afrique centrale et jusque chez certains

---

[12] Saint Bernard dit que « le Pontife, comme l'indique l'étymologie de son nom, est une sorte de pont entre Dieu et l'homme » (*Tractatus de Moribus et Officio episcoporum*, III, 9). — Il y a dans l'Inde un terme qui est propre aux *Jainas*, et qui est le strict équivalent du *Pontifex* latin : c'est le mot *Tîrthamkara*, littéralement « celui qui fait un gué ou un passage » ; le passage dont il s'agit, c'est le chemin de la Délivrance (*Moksha*). Les *Tîrthamkaras* sont au nombre de vingt-quatre, comme les vieillards de l'*Apocalypse*, qui, d'ailleurs, constituent aussi un Collège pontifical.

peuples de l'Amérique du Nord, c'est le pont qui relie le monde sensible au suprasensible.

D'autre part, l'union des deux pouvoirs sacerdotal et royal était représentée, chez les Latins, par un certain aspect du symbolisme de *Janus*, symbolisme extrêmement complexe et à significations multiples ; les clefs d'or et d'argent figuraient, sous le même rapport, les deux initiations correspondantes[13]. Il s'agit, pour employer la terminologie hindoue, de la voie des *Brâhmanes* et de celle des *Kshatriyas* ; mais, au sommet de la hiérarchie, on est au principe commun d'où les uns et les autres tirent leurs attributions respectives, donc au-delà de leur distinction, puisque là est la source de toute autorité légitime, dans quelque domaine qu'elle s'exerce ; et les initiés de l'*Agarttha* sont *ativarna*, c'est-à-dire « au-delà des castes »[14].

---

[13] À un autre point de vue, ces clefs sont respectivement celle des « grands Mystères » et celle des « petits Mystères ». — Dans certaines représentations de *Janus*, les deux pouvoirs sont aussi symbolisés par une clef et un sceptre.

[14] Remarquons à ce propos que l'organisation sociale du moyen âge occidental semble avoir été, en principe, calquée sur l'institution des

Il y avait au moyen âge une expression dans laquelle les deux aspects complémentaires de l'autorité se trouvaient réunis d'une façon qui est bien digne de remarque : on parlait souvent, à cette époque, d'une contrée mystérieuse qu'on appelait le « royaume du prêtre Jean[15] ». C'était le temps où ce qu'on pourrait désigner comme la « couverture extérieure » du centre en question se trouvait formé, pour une bonne part, par les Nestoriens (ou ce qu'on est convenu d'appeler ainsi à tort ou à raison) et les Sabéens[16] ; et, précisément, ces

---

castes : le clergé correspondait aux *Brâhmanes*, la noblesse aux *Kshatriyas*, le tiers état aux *Vaishyas*, et les serfs aux *Shûdras*.

[15] Il est notamment question du « prêtre Jean », vers l'époque de saint Louis, dans les voyages de Carpin et de Rubruquis. Ce qui complique les choses, c'est que, d'après certains, il y aurait eu jusqu'à quatre personnages portant ce titre : au Thibet (ou sur le Pamir), en Mongolie, dans l'Inde, et en Éthiopie (ce dernier mot ayant d'ailleurs un sens fort vague) ; mais il est probable qu'il ne s'agit là que de différents représentants d'un même pouvoir. On dit aussi que Gengis-Khan voulut attaquer le royaume du prêtre Jean, mais que celui-ci le repoussa en déchaînant la foudre contre ses armées. Enfin, depuis l'époque des invasions musulmanes, le prêtre Jean aurait cessé de se manifester, et il serait représenté extérieurement par le *Dalaï-Lama*.

[16] On a trouvé dans l'Asie centrale, et particulièrement dans la région du Turkestan, des croix nestoriennes qui sont exactement semblables comme forme aux croix de chevalerie, et dont certaines, en outre,

derniers se donnaient à eux-mêmes le nom de *Mendayyeh de Yahia*, c'est-à-dire « disciples de Jean ». À ce propos, nous pouvons faire tout de suite une autre remarque : il est au moins curieux que beaucoup de groupes orientaux d'un caractère très fermé, des Ismaéliens ou disciples du « Vieux de la Montagne » aux Druses du Liban, aient pris uniformément, tout comme les Ordres de chevalerie occidentaux, le titre de « gardiens de la Terre Sainte ». La suite fera sans doute mieux comprendre ce que cela peut signifier ; il semble que Saint-Yves ait trouvé un mot très juste, peut-être plus encore qu'il ne le pensait lui-même, quand il parle des « Templiers de l'*Agarttha* ». Pour qu'on ne s'étonne pas de l'expression de « couverture extérieure » que nous venons d'employer, nous ajouterons qu'il faut bien prendre garde à ce fait que l'initiation chevaleresque était essentiellement une initiation de *Kshatriyas* ; c'est ce qui explique, entre

---

portent en leur centre la figure du *swastika*. — D'autre part, il est à noter que les Nestoriens, dont les relations avec le Lamaïsme semblent incontestables, eurent une action importante, bien qu'assez énigmatique, dans les débuts de l'Islam. Les Sabéens, de leur côté, exercèrent une grande influence sur le monde arabe au temps des Khalifes de Baghdad ; on prétend aussi que c'est chez eux que s'étaient réfugiés, après un séjour en Perse, les derniers des néo-platoniciens.

autres choses, le rôle prépondérant qu'y joue le symbolisme de l'Amour[17].

Quoi qu'il en soit de ces dernières considérations, l'idée d'un personnage qui est prêtre et roi tout ensemble n'est pas une idée très courante en Occident, bien qu'elle se trouve, à l'origine même du Christianisme, représentée d'une façon frappante par les « Roi-Mages » ; même au moyen âge, le pouvoir suprême (selon les apparences extérieures tout au moins) y était divisé entre la Papauté et l'Empire[18]. Une telle séparation peut être considérée comme la marque d'une organisation incomplète par en haut, si l'on peut s'exprimer ainsi, puisqu'on n'y voit pas apparaître le principe commun dont procèdent et dépendent régulièrement les deux pouvoirs ; le véritable pouvoir suprême devait donc se trouver ailleurs. En Orient, le maintien d'une telle séparation au

---

[17] Nous avons déjà signalé cette particularité dans notre étude sur *L'Ésotérisme de Dante*.

[18] Dans l'ancienne Rome, par contre, l'*Imperator* était en même temps *Pontifex Maximus*. — La théorie musulmane du Khalifat unit aussi les deux pouvoirs, au moins dans une certaine mesure, ainsi que la conception extrême-orientale du *Wang* (voir *La Grande Triade*, ch. XVII).

sommet même de la hiérarchie est, au contraire, assez exceptionnel, et ce n'est guère que dans certaines conceptions bouddhiques que l'on rencontre quelque chose de ce genre ; nous voulons faire allusion à l'incompatibilité affirmée entre la fonction de *Buddha* et celle de *Chakravartî* ou « monarque universel »[19], lorsqu'il est dit que Shâkya-Muni eut, à un certain moment, à choisir entre l'une et l'autre.

Il convient d'ajouter que le terme *Chakravartî*, qui n'a rien de spécialement bouddhique, s'applique fort bien, suivant les données de la tradition hindoue, à la fonction du *Manu* ou de ses représentants : c'est, littéralement, « celui qui fait tourner la roue », c'est-à-dire celui qui, placé au centre de toutes choses, en dirige le mouvement sans y participer lui-même, ou qui en est, suivant l'expression d'Aristote, le « moteur immobile »[20].

---

[19] Nous avons noté ailleurs l'analogie qui existe entre la conception du *Chakravartî* et l'idée de l'Empire chez Dante, dont il convient de mentionner ici, à cet égard, le traité *De Monarchia*.

[20] La tradition chinoise emploie, en un sens tout à fait comparable, l'expression d'« Invariable Milieu ». — Il est à remarquer que, suivant

Nous appelons tout particulièrement l'attention sur ceci : le centre dont il s'agit est le point fixe que toutes les traditions s'accordent à désigner symboliquement comme le « Pôle », puisque c'est autour de lui que s'effectue la rotation du monde, représenté généralement par la roue, chez les Celtes aussi bien que chez les Chaldéens et chez les Hindous[21]. Telle est la véritable signification du *swastika*, ce signe que l'on trouve répandu partout, de l'Extrême-Orient à l'Extrême-Occident[22], et qui

---

le symbolisme maçonnique, les Maîtres se réunissent dans la « Chambre du Milieu ».

[21] Le symbole celtique de la roue s'est conservé au moyen âge ; on peut en trouver de nombreux exemples sur les églises romanes, et la rosace gothique elle-même semble bien en être dérivée, car il y a une relation certaine entre la roue et les fleurs emblématiques telles que la rose en Occident et le lotus en Orient.

[22] Ce même signe n'a pas été étranger à l'hermétisme chrétien : nous avons vu, dans l'ancien monastère des Carmes de Loudun, des symboles fort curieux, datant vraisemblablement de la seconde moitié du XVe siècle, et dans lesquels le *swastika* occupe, avec le signe dont nous parlerons plus loin, une des places les plus importantes. Il est bon de noter, à cette occasion, que les Carmes, qui sont venus d'Orient, rattachent la fondation de leur Ordre à Élie et à Pythagore (comme la Maçonnerie, de son côté, se rattache à la fois à Salomon et au même Pythagore, ce qui constitue une similitude assez remarquable), et que, d'autre part, certains prétendent qu'ils avaient

est essentiellement le « signe du Pôle » ; c'est sans doute ici la première fois, dans l'Europe moderne, qu'on en fait connaître le sens réel. Les savants contemporains, en effet, ont vainement cherché à expliquer ce symbole par les théories les plus fantaisistes ; la plupart d'entre eux, hantés par une sorte d'idée fixe, ont voulu voir, là comme presque partout ailleurs, un signe exclusivement « solaire »[23], alors que, s'il l'est devenu parfois, ce n'a pu être qu'accidentellement et d'une façon détournée. D'autres ont été plus près de la vérité en regardant le *swastika* comme le symbole du mouvement ; mais cette interprétation, sans être fausse, est fort insuffisante, car il ne s'agit pas d'un mouvement quelconque, mais d'un mouvement de rotation qui s'accomplit autour d'un centre ou d'un axe immuable ; et c'est le point fixe qui est, nous le

---

au moyen âge une initiation très voisine de celle des Templiers, ainsi que les religieux de la Mercy ; on sait que ce dernier Ordre a donné son nom à un grade de la Maçonnerie écossaise, dont nous avons parlé assez longuement dans *L'Ésotérisme de Dante*.

[23] La même remarque s'applique notamment à la roue, dont nous venons d'indiquer également la vraie signification.

répétons, l'élément essentiel auquel se rapporte directement le symbole en question[24].

Par ce que nous venons de dire, on peut déjà comprendre que le « Roi du Monde » doit avoir une fonction essentiellement ordonnatrice et régulatrice (et l'on remarquera que ce n'est pas sans raison que ce dernier mot a la même racine que *rex* et *regere*), fonction pouvant se résumer dans un mot comme celui d'« équilibre » ou d'« harmonie », ce que rend précisément en sanscrit le terme *Dharma*[25] : ce que nous entendons par là, c'est le reflet, dans le monde manifesté, de l'immutabilité du Principe suprême. On peut comprendre aussi, par les mêmes

---

[24] Nous ne citerons que pour mémoire l'opinion, encore plus fantaisiste que toutes les autres, qui fait du *swastika* le schéma d'un instrument primitif destiné à la production du feu ; si ce symbole a bien parfois un certain rapport avec le feu, puisqu'il est notamment un emblème d'*Agni*, c'est pour de tout autres raisons.

[25] La racine *dhri* exprime essentiellement l'idée de stabilité ; la forme *dhru*, qui a le même sens, est la racine de *Dhruva*, nom sanscrit du Pôle, et certains en rapprochent le nom grec du chêne, *drus* ; en latin, d'ailleurs, le même mot *robur* signifie à la fois chêne et force ou fermeté. Chez les Druides (dont le nom doit peut-être se lire *dru-vid*, unissant la force et la sagesse), ainsi qu'à Dodone, le chêne représentait l'« Arbre du Monde », symbole de l'axe fixe qui joint les pôles.

considérations, pourquoi le « Roi du Monde » a pour attributs fondamentaux la « Justice » et la « Paix », qui ne sont que les formes revêtues plus spécialement par cet équilibre et cette harmonie dans le « monde de l'homme » (*mânava-loka*)[26]. C'est là encore un point de la plus grande importance ; et, outre sa portée générale, nous le signalons à ceux qui se laissent aller à certaines craintes chimériques, dont le livre même de M. Ossendowski contient comme un écho dans ses dernières lignes.

---

[26] Il faut rappeler ici les textes bibliques dans lesquels la Justice et la Paix se trouvent étroitement rapprochées : « Justitia et Pax osculatæ sunt » (*Ps.*, LXXXIV, 11), « Pax opus Justitiæ », etc.

Chapitre III

LA « SHEKINAH » ET « METATRON »

Certains esprits craintifs, et dont la compréhension se trouve étrangement limitée par des idées préconçues, ont été effrayés par la désignation même du « Roi du Monde », qu'ils ont aussitôt rapprochée de celle du *Princeps hujus mundi* dont il est question dans l'Évangile. Il va de soi qu'une telle assimilation est complètement erronée et dépourvue de fondement ; nous pourrions, pour l'écarter, nous borner à faire remarquer simplement que ce titre de « Roi du Monde », en hébreu et en arabe, est appliqué couramment à Dieu même[27].

---

[27] Il y a d'ailleurs une grande différence de sens entre « le Monde » et « ce monde », à tel point que, dans certaines langues, il existe pour les désigner deux termes entièrement distincts ; ainsi, en arabe, « le Monde » est *el-âlam*, tandis que « ce monde » est *ed-dunyâ*.

Cependant, comme il peut y avoir là l'occasion de quelques observations intéressantes, nous envisagerons à ce propos les théories de la Kabbale hébraïque concernant les « intermédiaires célestes », théories qui, d'ailleurs, ont un rapport très direct avec le sujet principal de la présente étude.

Les « intermédiaires célestes » dont il s'agit sont la *Shekinah* et *Metatron* ; et nous dirons tout d'abord que, dans le sens le plus général, la *Shekinah* est la « présence réelle » de la Divinité. Il faut noter que les passages de l'Écriture où il en est fait mention tout spécialement sont surtout ceux où il s'agit de l'institution d'un centre spirituel : la construction du Tabernacle, l'édification des Temples de Salomon et de Zorobabel. Un tel centre, constitué dans des conditions régulièrement définies, devait être en effet le lieu de la manifestation divine, toujours représentée comme « Lumière » ; et il est curieux de remarquer que l'expression de « lieu très éclairé et très régulier », que la Maçonnerie a conservée, semble bien être un souvenir de l'antique science sacerdotale qui présidait à la construction des temples, et qui, du reste, n'était pas particulière aux Juifs ; nous reviendrons là-dessus plus tard. Nous n'avons pas à entrer dans le développement de la théorie des « influences spirituelles » (nous préférons cette expression au mot « bénédictions » pour traduire l'hébreu *berakoth*, d'autant plus que c'est là le sens qu'a gardé très nettement en arabe le mot *barakah*) ; mais, même en se bornant à envisager les choses à ce seul point de vue, il serait possible de s'expliquer la parole d'Elias Levita, que rapporte M. Vulliaud dans son ouvrage sur *La Kabbale juive* : « Les Maîtres de la Kabbale ont à ce sujet de grands secrets. »

La *Shekinah* se présente sous des aspects multiples, parmi lesquels il en est deux principaux, l'un interne et l'autre externe ; or il y a d'autre part, dans la tradition chrétienne, une phrase qui désigne aussi clairement que possible ces deux aspects : « *Gloria* in excelsis Deo, et in terra *Pax* hominibus bonæ voluntatis. » Les mots *Gloria* et *Pax* se réfèrent respectivement à l'aspect interne, par rapport au Principe, et à l'aspect externe, par rapport au monde manifesté ; et, si l'on considère ainsi ces paroles, on peut comprendre immédiatement pourquoi elles sont prononcées par les Anges (*Malakim*) pour annoncer la naissance du « Dieu avec nous » ou « en nous » (*Emmanuel*). On pourrait aussi, pour le premier aspect, rappeler les théories des théologiens sur la « lumière de gloire » dans et par laquelle s'opère la vision béatifique (*in excelsis*) ; et, quant au second, nous retrouvons ici la « Paix », à laquelle nous faisions allusion tout à l'heure, et qui, en son sens ésotérique, est indiquée partout comme l'un des attributs fondamentaux des centres spirituels établis en ce monde (*in terra*). D'ailleurs, le terme arabe *Sakînah*, qui est évidemment identique à l'hébreu *Shekinah*, se traduit par « Grande Paix », ce qui est l'exact équivalent de la *Pax Profunda* des Rose-Croix ; et, par là, on pourrait sans doute expliquer ce que ceux-ci entendaient par le « Temple du Saint-Esprit », comme on pourrait aussi interpréter d'une façon précise les nombreux textes évangéliques dans lesquels il est parlé de la « Paix »[28], d'autant plus que « la tradition secrète concernant la *Shekinah* aurait quelque rapport à la lumière du Messie ». Est-ce sans intention que M. Vulliaud, lorsqu'il donne cette dernière indication[29], dit qu'il s'agit de la tradition « réservée à ceux qui poursuivaient le

---

[28] Il est d'ailleurs déclaré très explicitement, dans l'Évangile même, que ce dont il s'agit n'est point la paix au sens où l'entend le monde profane (*St Jean*, XIV, 27).
[29] *La Kabbale juive*, t. I, p. 503.

chemin qui aboutit au *Pardes* », c'est-à-dire, comme nous le verrons plus loin, au centre spirituel suprême ?

Ceci amène encore une autre remarque connexe : M. Vulliaud parle ensuite d'un « mystère relatif au Jubilé »[30], ce qui se rattache en un sens à l'idée de « Paix », et, à ce propos, il cite ce texte du *Zohar* (III, 58 *a*) : « Le fleuve qui sort de l'Éden porte le nom de *Jobel* », ainsi que celui de Jérémie (XVII, 8) : « Il étendra ses racines vers le fleuve », d'où il résulte que « l'idée centrale du Jubilé est la remise de toutes choses en leur état primitif ». Il est clair qu'il s'agit de ce retour à l'« état primordial » qu'envisagent toutes les traditions, et sur lequel nous avons eu l'occasion d'insister quelque peu dans notre étude sur *L'Ésotérisme de Dante* ; et, quand on ajoute que « le retour de toutes choses à leur premier état marquera l'ère messianique », ceux qui ont lu cette étude pourront se souvenir de ce que nous y disions sur les rapports du « Paradis terrestre » et de la « Jérusalem céleste ». D'ailleurs, à vrai dire, ce dont il s'agit en tout cela, c'est toujours, à des phases diverses de la manifestation

---

[30] *Ibid.*, t. I, pp. 506-507.

cyclique, le *Pardes*, le centre de ce monde, que le symbolisme traditionnel de tous les peuples compare au cœur, centre de l'être et « résidence divine » (*Brahma-pura* dans la doctrine hindoue), comme le Tabernacle qui en est l'image et qui, pour cette raison, est appelé en hébreu *mishkan* ou « habitacle de Dieu », mot dont la racine est la même que celle de *Shekinah*.

À un autre point de vue, la *Shekinah* est la synthèse des *Sephiroth* ; or, dans l'arbre séphirothique, la « colonne de droite » est le côté de la Miséricorde, et la « colonne de gauche » est le côté de la Rigueur[31] ; nous devons donc aussi retrouver ces deux aspects dans la *Shekinah*, et nous pouvons remarquer tout de suite, pour rattacher ceci à ce qui précède, que, sous un certain rapport tout au moins, la Rigueur s'identifie à la Justice et la Miséricorde à la Paix[32]. « Si l'homme pèche et

---

[31] Un symbolisme tout à fait comparable est exprimé par la figure médiévale de l'« arbre des vifs et des morts », qui a en outre un rapport très net avec l'idée de « postérité spirituelle » ; il faut remarquer que l'arbre séphirothique est aussi considéré comme s'identifiant à l'« Arbre de Vie ».

[32] D'après le *Talmud*, Dieu a deux sièges, celui de la Justice et celui de la Miséricorde ; ces deux sièges correspondent aussi au « Trône »

s'éloigne de la *Shekinah*, il tombe sous le pouvoir des puissances (*Sârim*) qui dépendent de la Rigueur[33] », et alors la *Shekinah* est appelée « main de rigueur », ce qui rappelle immédiatement le symbole bien connu de la « main de justice » ; mais, au contraire, « si l'homme se rapproche de la *Shekinah*, il se libère », et la *Shekinah* est la « main droite » de Dieu, c'est-à-dire que la « main de justice » devient alors la « main bénissante »[34]. Ce sont là les mystères de la « Maison de Justice » (*Beith-Din*), ce qui est encore une autre désignation

---

et à la « Chaise » de la tradition islamique. Celle-ci divise d'autre part les noms divins *çifâtiyah*, c'est-à-dire ceux qui expriment des attributs proprement dits d'*Allah*, en « noms de majesté » (*jalâliyah*) et « noms de beauté » (*jamâliyah*), ce qui répond encore à une distinction du même ordre.

[33] *La Kabbale juive*, t. I, p. 507.

[34] D'après saint Augustin et divers autres Pères de l'Église, la main droite représente de même la Miséricorde ou la Bonté, tandis que la main gauche, en Dieu surtout, est le symbole de la Justice. La « main de justice » est un des attributs ordinaires de la royauté ; la « main bénissante » est un signe de l'autorité sacerdotale, et elle a été parfois prise comme symbole du Christ. — Cette figure de la « main bénissante » se trouve sur certaines monnaies gauloises, de même que le *swastika*, parfois à branches courbes.

du centre spirituel suprême[35] ; et il est à peine besoin de faire remarquer que les deux côtés que nous venons d'envisager sont ceux où se répartissent les élus et les damnés dans les représentations chrétiennes du « Jugement dernier ». On pourrait également établir un rapprochement avec les deux voies que les Pythagoriciens figuraient par la lettre Y, et que représentait sous une forme exotérique le mythe d'Hercule entre la Vertu et le Vice ; avec les deux portes céleste et infernale qui, chez les Latins, étaient associées au symbolisme de *Janus* ; avec les deux phases cycliques ascendante et descendante[36] qui, chez les Hindous, se rattachent pareillement au symbolisme de *Ganêsha*[37]. Enfin, il est facile de comprendre par là ce que veulent dire

---

[35] Ce centre, ou l'un quelconque de ceux qui sont constitués à son image, peut être décrit symboliquement à la fois comme un temple (aspect sacerdotal, correspondant à la Paix) et comme un palais ou un tribunal (aspect royal, correspondant à la Justice).

[36] Il s'agit des deux moitiés du cycle zodiacal, que l'on trouve fréquemment représenté au portail des églises du moyen âge avec une disposition qui lui donne manifestement la même signification.

[37] Tous les symboles que nous énumérons ici demanderaient à être longuement expliqués ; nous le ferons peut-être quelque jour dans une autre étude.

véritablement des expressions comme celles d'« intention droite », que nous retrouverons dans la suite, et de « bonne volonté » (« Pax hominibus bonæ voluntatis », et ceux qui ont quelque connaissance des divers symboles auxquels nous venons de faire allusion verront que ce n'est pas sans raison que la fête de Noël coïncide avec l'époque du solstice d'hiver), quand on a soin de laisser de côté toutes les interprétations extérieures, philosophiques et morales, auxquelles elles ont donné lieu depuis les Stoïciens jusqu'à Kant.

« La Kabbale donne à la *Shekinah* un parèdre qui porte des noms identiques aux siens, qui possède par conséquent les mêmes caractères[38] », et qui a naturellement autant d'aspects différents que la *Shekinah* elle-même ; son nom est *Metatron*, et ce nom est numériquement équivalent à celui de *Shaddai*[39], le « Tout-Puissant » (qu'on dit être le nom du Dieu d'Abraham). L'étymologie du mot *Metatron* est fort incertaine ; parmi les diverses hypothèses qui ont été émises à ce sujet, une des

---

[38] *La Kabbale juive*, t. I, pp. 497-498.

[39] Le nombre de chacun de ces deux noms, obtenu par l'addition des valeurs des lettres hébraïques dont il est formé, est 314.

plus intéressantes est celle qui le fait dériver du chaldaïque *Mitra*, qui signifie « pluie », et qui a aussi, par sa racine, un certain rapport avec la « lumière ». S'il en est ainsi, d'ailleurs, il ne faudrait pas croire que la similitude avec le *Mitra* hindou et zoroastrien constitue une raison suffisante pour admettre qu'il y ait là un emprunt du Judaïsme à des doctrines étrangères, car ce n'est pas de cette façon tout extérieure qu'il convient d'envisager les rapports qui existent entre les différentes traditions ; et nous en dirons autant en ce qui concerne le rôle attribué à la pluie dans presque toutes les traditions, en tant que symbole de la descente des « influences spirituelles » du Ciel sur la Terre. À ce propos, signalons que la doctrine hébraïque parle d'une « rosée de lumière » émanant de l'« Arbre de Vie » et par laquelle doit s'opérer la résurrection des morts, ainsi que d'une « effusion de rosée » qui représente l'influence céleste se communiquant à tous les mondes, ce qui rappelle singulièrement le symbolisme alchimique et rosicrucien.

« Le terme de *Metatron* comporte toutes les acceptions de gardien, de Seigneur, d'envoyé, de médiateur » ; il est « l'auteur des théophanies dans le monde sensible[40] » ; il est « l'Ange de la Face », et aussi « le Prince du Monde » (*Sâr ha-ôlam*), et l'on voit par cette dernière désignation que nous ne nous sommes nullement éloigné de notre sujet. Pour employer le symbolisme traditionnel que nous avons déjà expliqué précédemment, nous dirions volontiers que, comme le chef de la hiérarchie initiatique est le « Pôle terrestre », *Metatron* est le « Pôle céleste » ; et celui-ci a son reflet dans celui-là, avec lequel il est en relation directe suivant l'« Axe du Monde ». « Son nom est *Mikaël*, le Grand Prêtre qui est holocauste et oblation devant Dieu. Et tout ce que font les Israélites sur terre est accompli d'après les types de ce qui se passe dans le monde céleste. Le Grand Pontife ici-bas symbolise *Mikaël*, prince de la Clémence... Dans tous les passages où l'Écriture parle de l'apparition de *Mikaël*, il s'agit de la gloire de la *Shekinah*[41]. » Ce qui est dit ici des Israélites peut être dit pareillement de tous les peuples possesseurs d'une tradition véritablement orthodoxe ; à plus forte raison doit-on le dire des représentants de la tradition

---

[40] *La Kabbale juive*, t. 1, pp. 492 et 499.

[41] *Ibid.*, t. I, pp. 500-501.

primordiale dont toutes les autres dérivent et à laquelle elles sont toutes subordonnées ; et ceci est en rapport avec le symbolisme de la « Terre Sainte », image du monde céleste, auquel nous avons déjà fait allusion. D'autre part, suivant ce que nous avons dit plus haut, *Metatron* n'a pas que l'aspect de la Clémence, il a aussi celui de la Justice ; il n'est pas seulement le « Grand Prêtre » (*Kohen ha-gadol*), mais aussi le « Grand Prince » (*Sâr ha-gadol*) et le « chef des milices célestes », c'est-à-dire qu'en lui est le principe du pouvoir royal, aussi bien que du pouvoir sacerdotal ou pontifical auquel correspond proprement la fonction de « médiateur ». Il faut d'ailleurs remarquer que *Melek*, « roi », et *Maleak*, « ange » ou « envoyé », ne sont en réalité que deux formes d'un seul et même mot ; de plus, *Malaki*, « mon envoyé » (c'est-à-dire l'envoyé de Dieu, ou « l'ange dans lequel est Dieu », *Maleak ha-Elohim*), est l'anagramme de *Mikaël*[42].

---

[42] Cette dernière remarque rappelle naturellement ces paroles : « Benedictus qui venit in nomine Domini » ; celles-ci sont appliquées au Christ, que le *Pasteur* d'Hermas assimile précisément à *Mikaël* d'une façon qui peut sembler assez étrange, mais qui ne doit pas étonner ceux qui comprennent le rapport qui existe entre le Messie

Il convient d'ajouter que, si *Mikaël* s'identifie à *Metatron* comme on vient de le voir, il n'en représente cependant qu'un aspect ; à côté de la face lumineuse, il y a une face obscure, et celle-ci est représentée par *Samaël*, qui est également appelé *Sâr ha-ôlam* ; nous revenons ici au point de départ de ces considérations. En effet, c'est ce dernier aspect, et celui-là seulement, qui est « le génie de ce monde » en un sens inférieur, le *Princeps hujus mundi* dont parle l'Évangile ; et ses rapports avec *Metatron*, dont il est comme l'ombre, justifient l'emploi d'une même désignation dans un double sens, en même temps qu'ils font comprendre pourquoi le nombre apocalyptique 666, le « nombre de la Bête », est aussi un nombre solaire[43]. Du reste, suivant saint Hippolyte[44], « le Messie et l'Antéchrist ont tous deux pour emblème le lion », qui est encore un symbole solaire ; et la même remarque pourrait

---

et la *Shekinah*. Le Christ est aussi appelé « Prince de la Paix », et il est en même temps le « Juge des vivants et des morts ».

[43] Ce nombre est formé notamment par le nom de *Sorath*, démon du Soleil, et opposé comme tel à l'ange *Mikaël* ; nous en verrons plus loin une autre signification.

[44] Cité par M. Vulliaud, *La Kabbale juive*, t. II, p. 373.

être faite pour le serpent[45] et pour beaucoup d'autres symboles. Au point de vue kabbalistique, c'est encore des deux faces opposées de *Metatron* qu'il s'agit ici ; nous n'avons pas à nous étendre sur les théories qu'on pourrait formuler, d'une façon générale, sur ce double sens des symboles, mais nous dirons seulement que la confusion entre l'aspect lumineux et l'aspect ténébreux constitue proprement le « satanisme » ; et c'est précisément cette confusion que commettent, involontairement sans doute et par simple ignorance (ce qui est une excuse, mais non une justification), ceux qui croient découvrir une signification infernale dans la désignation du « Roi du Monde »[46]

---

[45] Les deux aspects opposés sont figurés notamment par les deux serpents du caducée ; dans l'iconographie chrétienne, ils sont réunis dans l'« amphisbène », le serpent à deux têtes, dont l'une représente le Christ et l'autre Satan.

[46] Signalons encore que le « Globe du Monde », insigne du pouvoir impérial ou de la monarchie universelle, se trouve fréquemment placé dans la main du Christ, ce qui montre d'ailleurs qu'il est l'emblème de l'autorité spirituelle aussi bien que du pouvoir temporel.

Chapitre IV

LES TROIS FONCTIONS SUPRÊMES

Suivant Saint-Yves, le chef suprême de l'*Agarttha* porte le titre de *Brahâtmâ* (il serait plus correct d'écrire *Brahmâtmâ*) « support des âmes dans l'Esprit de Dieu » ; ses deux assesseurs sont le *Mahâtmâ*, « représentant l'Âme universelle », et le *Mahânga*, « symbole de toute l'organisation matérielle du Cosmos »[47] : c'est la division hiérarchique que les doctrines occidentales représentent par le ternaire « esprit, âme, corps », et qui est appliquée ici selon l'analogie constitutive du Macrocosme et du Microcosme. Il importe de remarquer que ces termes, en sanscrit, désignent proprement des principes, et qu'ils ne

---

[47] M. Ossendowski écrit *Brahytma*, *Mahytma* et *Mahynga*.

peuvent être appliqués à des êtres humains qu'en tant que ceux-ci représentent ces mêmes principes, de sorte que, même dans ce cas, ils sont attachés essentiellement à des fonctions, et non à des individualités. D'après M. Ossendowski, le *Mahâtmâ* « connaît les événements de l'avenir », et le *Mahânga* « dirige les causes de ces événements » ; quant au *Brahâtmâ*, il peut « parler à Dieu face à face[48] », et il est facile de comprendre ce que cela veut dire, si l'on se souvient qu'il occupe le point central où s'établit la communication directe du monde terrestre avec les états supérieurs et, à travers ceux-ci, avec le Principe suprême[49]. D'ailleurs, l'expression de « Roi du Monde », si on voulait l'entendre dans un sens restreint, et uniquement par rapport au monde terrestre, serait fort inadéquate ; il serait plus exact, à certains égards, d'appliquer au *Brahâtmâ* celle de « Maître des trois mondes[50] »,

---

[48] On a vu plus haut que *Metatron* est « l'Ange de la Face ».

[49] Suivant la tradition extrême-orientale, l'« Invariable Milieu » est le point où se manifeste l'« Activité du Ciel ».

[50] À ceux qui s'étonneraient d'une telle expression, nous pourrions demander s'ils ont jamais réfléchi à ce que signifie le *triregnum*, la tiare à trois couronnes qui est, avec les clefs, un des principaux insignes de la Papauté.

car, dans toute hiérarchie véritable, celui qui possède le degré supérieur possède en même temps et par là même tous les degrés subordonnés, et ces « trois mondes » (qui constituent le *Tribhuvana* de la tradition hindoue) sont, comme nous l'expliquerons un peu plus loin, les domaines qui correspondent respectivement aux trois fonctions que nous énumérions tout à l'heure.

« Quand il sort du temple, dit M. Ossendowski, le Roi du Monde rayonne de la Lumière divine. » La Bible hébraïque dit exactement la même chose de Moïse lorsqu'il descendait du Sinaï[51], et il est à remarquer, au sujet de ce rapprochement, que la tradition islamique regarde Moïse comme ayant été le « Pôle » (*El-Qutb*) de son époque ; ne serait-ce pas pour cette raison, d'ailleurs, que la Kabbale dit qu'il fut instruit par *Metatron* lui-même ? Encore conviendrait-il de distinguer ici entre le centre

---

[51] Il est dit aussi que Moïse dut alors couvrir son visage d'un voile pour parler au peuple qui ne pouvait en supporter l'éclat (*Exode*, XXIV, 29-35) ; au sens symbolique, ceci indique la nécessité d'une adaptation exotérique pour la multitude. Rappelons à ce propos la double signification du mot « révéler », qui peut vouloir dire « écarter le voile », mais aussi « recouvrir d'un voile » ; c'est ainsi que la parole manifeste et voile tout à la fois la pensée qu'elle exprime.

spirituel principal de notre monde et les centres secondaires qui peuvent lui être subordonnés, et qui le représentent seulement par rapport à des traditions particulières, adaptées plus spécialement à des peuples déterminés. Sans nous étendre sur ce point, nous ferons remarquer que la fonction de « législateur » (en arabe *rasûl*), qui est celle de Moïse, suppose nécessairement une délégation du pouvoir que désigne le nom de *Manu* ; et, d'autre part, une des significations contenues dans ce nom de *Manu* indique précisément la réflexion de la Lumière divine.

« Le Roi du Monde, dit un lama à M. Ossendowski, est en rapport avec les pensées de tous ceux qui dirigent la destinée de l'humanité... Il connaît leurs intentions et leurs idées. Si elles plaisent à Dieu, le Roi du Monde les favorisera de son aide invisible ; si elles déplaisent à Dieu, le Roi provoquera leur échec. Ce pouvoir est donné à *Agharti* par la science mystérieuse d'*Om*, mot par lequel nous commençons toutes nos prières. » Aussitôt après vient cette phrase, qui, pour tous ceux qui ont seulement une vague idée de la signification du monosyllabe sacré *Om*, doit être une cause de stupéfaction : « *Om* est le nom d'un ancien saint, le premier des *Goros* (M. Ossendowski écrit *goro* pour *guru*), qui vécut il y a trois cent mille ans. » Cette phrase, en effet, est absolument inintelligible si l'on ne songe à ceci : l'époque dont il s'agit, et qui ne nous paraît d'ailleurs indiquée que d'une façon très vague, est fort antérieure à l'ère du présent *Manu* ; d'autre part, l'*Adi-Manu* ou premier *Manu* de notre *Kalpa* (*Vaivaswata* étant le septième) est appelé *Swâyambhuva*, c'est-à-dire issu de *Swayambhû*, « Celui qui subsiste par soi-même », ou le *Logos* éternel ; or le *Logos*, ou celui qui le représente directement, peut véritablement être désigné comme le premier des *Gurus* ou « Maîtres spirituels » ; et, effectivement, *Om* est en réalité un nom du *Logos*[52].

---

[52] Ce nom se retrouve même, d'une façon assez étonnante, dans l'ancien symbolisme chrétien, où, parmi les signes qui servirent à représenter le Christ, on en rencontre un qui a été considéré plus tard comme une abréviation d'*Ave Maria*, mais qui fut primitivement un équivalent de celui qui réunit les deux lettres extrêmes de l'alphabet grec, *alpha* et *ôméga*, pour signifier que le Verbe est le principe et la fin de toutes choses ; en réalité, il est même plus complet, car il signifie le principe, le milieu et la fin. Ce signe ⋈ se décompose en effet en AVM, c'est-à-dire les trois lettres latines qui correspondent exactement aux trois éléments constitutifs du monosyllabe *Om* (la voyelle *o*, en sanscrit, étant formée par l'union de *a* et de *u*). Le rapprochement de ce signe *Aum* et du *swastika*, pris

D'autre part, le mot *Om* donne immédiatement la clef de la répartition hiérarchique des fonctions entre le *Brahâtmâ* et ses deux assesseurs, telle que nous l'avons déjà indiquée. En effet, selon la tradition hindoue, les trois éléments de ce monosyllabe sacré symbolisent respectivement les « trois mondes » auxquels nous faisions allusion tout à l'heure, les trois termes du *Tribhuvana* : la Terre (*Bhû*), l'Atmosphère (*Bhuvas*), le Ciel (*Swar*), c'est-à-dire, en d'autres termes, le monde de la manifestation corporelle, le monde de la manifestation subtile ou psychique, le monde principiel non manifesté[53]. Ce sont là, en allant de

---

l'un et l'autre comme symboles du Christ, nous semble particulièrement significatif au point de vue où nous nous plaçons. D'autre part, il faut encore remarquer que la forme de ce même signe présente deux ternaires disposés en sens inverse l'un de l'autre, ce qui en fait, à certains égards, un équivalent du « sceau de Salomon » : si l'on considère celui-ci sous la forme ✡ où le trait horizontal médian précise la signification générale du symbole en marquant le plan de réflexion ou « surface des Eaux », on voit que les deux figures comportent le même nombre de lignes et ne diffèrent en somme que par la disposition de deux de celles-ci, qui, horizontales dans l'une, deviennent verticales dans l'autre.

[53] Pour de plus amples développements sur cette conception des « trois mondes » nous sommes obligé de renvoyer à nos précédents ouvrages, *L'Ésotérisme de Dante* et *L'Homme et son devenir selon le Vêdânta*. Dans le premier, nous avons insisté surtout sur la

bas en haut, les domaines propres du *Mahânga*, du *Mahâtmâ* et du *Brahâtmâ*, comme on peut le voir aisément en se reportant à l'interprétation de leurs titres qui a été donnée plus haut ; et ce sont les rapports de subordination existant entre ces différents domaines qui justifient, pour le *Brahâtmâ*, l'appellation de « Maître des trois mondes » que nous avons employée précédemment[54] : « Celui-ci est le Seigneur de toutes choses, l'omniscient (qui voit immédiatement tous les effets dans leur causes), l'ordonnateur interne (qui réside au centre du monde et le régit du dedans, dirigeant son mouvement sans y participer), la source (de tout pouvoir légitime), l'origine et la fin de tous les êtres (de la manifestation cyclique dont il représente la

---

correspondance de ces mondes, qui sont proprement des états de l'être, avec les degrés de l'initiation. Dans le second, nous avons donné notamment l'explication complète, au point de vue purement métaphysique, du texte de la *Mândûkya Upanishad*, dans lequel est exposé entièrement le symbolisme dont il est ici question ; ce que nous avons en vue présentement en est une application particulière.

[54] Dans l'ordre des principes universels, la fonction du *Brahâtmâ* se réfère à *Îshwara*, celle du *Mahâtmâ* à *Hiranyagarbha*, et celle du *Mahânga* à *Virâj* ; leurs attributions respectives pourraient facilement se déduire de cette correspondance.

Loi)[55]. » Pour nous servir encore d'un autre symbolisme, non moins rigoureusement exact, nous dirons que le *Mahânga* représente la base du triangle initiatique, et le *Brahâtmâ* son sommet ; entre les deux, le *Mahâtmâ* incarne en quelque sorte un principe médiateur (la vitalité cosmique, l'*Anima Mundi* des hermétistes), dont l'action se déploie dans l'« espace intermédiaire » ; et tout cela est figuré très clairement par les caractères correspondants de l'alphabet sacré que Saint-Yves appelle *vattan* et M. Ossendowski *vatannan*, ou, ce qui revient au même, par les formes géométriques (ligne droite, spirale et point) auxquelles se ramènent essentiellement les trois *mâtrâs* ou éléments constitutifs du monosyllabe *Om*.

Expliquons-nous plus nettement encore : au *Brahâtmâ* appartient la plénitude des deux pouvoirs sacerdotal et royal, envisagés principiellement et en quelque sorte à l'état indifférencié ; ces deux pouvoirs se distinguant ensuite pour se manifester, le *Mahâtmâ* représente plus spécialement le pouvoir sacerdotal, et le *Mahânga* le pouvoir royal. Cette distinction correspond à celle des *Brâhmanes*

---

[55] Mândûkya Upanishad, shruti 6.

et des *Kshatriyas* ; mais d'ailleurs, étant « au-delà des castes », le *Mahâtmâ* et le *Mahânga* ont en eux-mêmes, aussi bien que le *Brahâtmâ*, un caractère à la fois sacerdotal et royal. À ce propos, nous préciserons même un point qui semble n'avoir jamais été expliqué d'une façon satisfaisante, et qui est cependant fort important : nous faisions allusion précédemment aux « Rois-Mages » de l'Évangile, comme unissant en eux les deux pouvoirs ; nous dirons maintenant que ces personnages mystérieux ne représentent en réalité rien d'autre que les trois chefs de l'*Agarttha*[56]. Le *Mahânga* offre au Christ l'or et le salue comme « Roi » ; le *Mahâtmâ* lui offre l'encens et le salue comme « Prêtre » ; enfin, le *Brahâtmâ* lui offre la myrrhe (le baume d'incorruptibilité, image de l'*Amritâ*[57]) et le salue

---

[56] Saint-Yves dit bien que les trois « Rois-Mages » étaient venus de l'*Agarttha*, mais sans apporter aucune précision à cet égard. — Les noms qui leur sont attribués ordinairement sont sans doute fantaisistes, sauf pourtant celui de *Melki-Or*, en hébreu « Roi de la Lumière », qui est assez significatif.

[57] L'*Amritâ* des Hindous ou l'*Ambroisie* des Grecs (deux mots étymologiquement identiques), breuvage ou nourriture d'immortalité, était aussi figurée notamment par le *Soma* védique ou le *Haoma* mazdéen. — Les arbres à gommes ou résines incorruptibles jouent un rôle important dans le symbolisme ; en particulier, ils ont été pris parfois comme emblèmes du Christ.

comme « Prophète » ou Maître spirituel par excellence. L'hommage ainsi rendu au Christ naissant, dans les trois mondes qui sont leurs domaines respectifs, par les représentants authentiques de la tradition primordiale, est en même temps, qu'on le remarque bien, le gage de la parfaite orthodoxie du Christianisme à l'égard de celle-ci.

Naturellement, M. Ossendowski ne pouvait aucunement envisager des considérations de cet ordre ; mais, s'il avait compris certaines choses plus profondément qu'il ne l'a fait, il aurait pu du moins remarquer la rigoureuse analogie qui existe entre le ternaire suprême de l'*Agarttha* et celui du Lamaïsme tel qu'il l'indique : le *Dalai-Lama*, « réalisant la sainteté (ou la pure spiritualité) de *Buddha* », le *Tashi-Lama*, « réalisant sa science » (non « magique » comme il semble le croire, mais plutôt « théurgique »), et le *Bogdo-Khan*, « représentant sa force matérielle et guerrière » ; c'est exactement la même répartition selon les « trois mondes ». Il aurait même pu faire cette remarque d'autant plus facilement qu'on lui avait indiqué que « la capitale d'*Agharti* rappelle Lhassa où le palais du *Dalai-Lama*, le *Potala*, se trouve au sommet d'une montagne recouverte de temples et de monastères » ; cette façon d'exprimer les choses est d'ailleurs fautive en ce qu'elle renverse les rapports, car, en réalité, c'est de l'image qu'on peut dire qu'elle rappelle son prototype, et non le contraire. Or le centre du Lamaïsme ne peut-être qu'une image du véritable « Centre du Monde » ; mais tous les centres de ce genre présentent, quant aux lieux où ils sont établis, certaines particularités topographiques communes, car ces particularités, bien loin d'être indifférentes, ont une valeur symbolique incontestable et, de plus, doivent être en relation avec les lois suivant lesquelles agissent les « influences spirituelles » ; c'est là une question qui relève proprement de la science traditionnelle à laquelle on peut donner le nom de « géographie sacrée ».

Il y a encore une autre concordance non moins remarquable : Saint-Yves, décrivant les divers degrés ou cercles de la hiérarchie initiatique, qui sont en relation avec certains nombres symboliques, se référant notamment aux divisions du temps, termine en disant que « le cercle le plus élevé et le plus rapproché du centre mystérieux se compose de douze membres, qui représentent l'initiation suprême et correspondent, entre autres choses, à la zone zodiacale ». Or, cette constitution se trouve reproduite dans ce qu'on appelle le « conseil circulaire » du *Dalai-Lama*, formé des douze grands *Namshans* (ou *Nomekhans*) ; et on la retrouve aussi, d'ailleurs, jusque dans certaines traditions occidentales, notamment celles qui concernent les « Chevaliers de la Table Ronde ». Nous ajouterons encore que les douze membres du cercle intérieur de l'*Agarttha*, au point de vue de l'ordre cosmique, ne représentent pas simplement les douze signes du Zodiaque, mais aussi (nous serions même tenté de dire « plutôt », quoique les deux interprétations ne s'excluent pas) les douze *Âdityas*, qui sont autant de formes du Soleil, en rapport avec ces mêmes signes zodiacaux[58] : et naturellement, comme *Manu*,

---

[58] Il est dit que les *Âdityas* (issus d'*Aditi* ou l'« Indivisible ») furent d'abord sept avant d'être douze, et que leur chef était alors *Varuna*. Les douze *Âdityas* sont : *Dhâtri, Mitra, Aryaman, Rudra, Varuna, Sûrya, Bhaga, Vivaswat, Pûshan, Savitri, Twashtri, Vishnu*. Ce sont autant de manifestations d'une essence unique et indivisible ; et il est dit aussi que ces douze Soleils apparaîtront tous simultanément à la fin du cycle, rentrant alors dans l'unité essentielle et primordiale de leur nature commune. — Chez les Grecs, les douze grands Dieux de l'Olympe sont aussi en correspondance avec les douze signes du Zodiaque.

Vaivaswata est appelé « fils du Soleil », le « Roi du Monde » a aussi le Soleil parmi ses emblèmes[59].

La première conclusion qui se dégage de tout cela, c'est qu'il y a vraiment des liens bien étroits entre les descriptions qui, dans tous les pays, se rapportent à des centres spirituels plus ou moins cachés, ou tout au moins difficilement accessibles. La seule explication plausible qui puisse en être donnée, c'est que, si ces descriptions se rapportent à des centres différents, comme il le semble bien en certains cas, ceux-ci ne sont pour ainsi dire que des émanations d'un centre unique et suprême, de

---

[59] Le symbole auquel nous faisons allusion est exactement celui que la liturgie catholique attribue au Christ quand elle lui applique le titre de *Sol Justitiae* ; le Verbe est effectivement le « Soleil spirituel », c'est-à-dire le véritable « Centre du Monde » ; et, en outre, cette expression de *Sol Justitiae* se réfère directement aux attributs de *Melki-Tsedeq*. Il est à remarquer aussi que le lion, animal solaire, est, dans l'antiquité et au moyen âge, un emblème de la justice en même temps que de la puissance ; le signe du Lion est, dans le Zodiaque, le domicile propre du Soleil. — Le Soleil à douze rayons peut être considéré comme représentant les douze *Âdityas* ; à un autre point de vue, si le Soleil figure le Christ, les douze rayons sont les douze Apôtres (le mot *apostolos* signifie « envoyé », et les rayons sont aussi « envoyés » par le Soleil). On peut d'ailleurs voir dans le nombre des douze Apôtres une marque, parmi beaucoup d'autres, de la parfaite conformité du Christianisme avec la tradition primordiale.

même que toutes les traditions particulières ne sont en somme que des adaptations de la grande tradition primordiale.

Chapitre V

LE SYMBOLISME DU GRAAL

Nous faisions allusion tout à l'heure aux « Chevaliers de la Table Ronde » ; il ne sera pas hors de propos d'indiquer ici ce que signifie la « queste du Graal », qui, dans les légendes d'origine celtique, est présentée comme leur fonction principale. Dans toutes les traditions, il est fait ainsi allusion à quelque chose qui, à partir d'une certaine époque, aurait été perdu ou caché : c'est, par exemple, le *Soma* des Hindous ou le *Haoma* des Perses, le « breuvage d'immortalité », qui, précisément, a un rapport fort direct avec le *Graal*, puisque celui-ci est, dit-on, le vase sacré qui contint le sang du Christ, lequel est aussi le « breuvage d'immortalité ». Ailleurs, le symbolisme est différent : ainsi, chez les Juifs, ce qui est perdu, c'est la prononciation du grand Nom divin[60] ; mais l'idée fondamentale est toujours la même, et nous verrons plus loin à quoi elle correspond exactement.

Le Saint-Graal est, dit-on, la coupe qui servit à la Cène, et où Joseph d'Arimathie recueillit ensuite le sang et l'eau qui s'échappaient de la blessure ouverte au flanc du Christ par la lance du centurion Longin[61]. Cette coupe aurait été, d'après la légende, transportée en Grande-Bretagne par Joseph d'Arimathie lui-même et Nicodème[62] ; et il faut voir là l'indication d'un lien établi entre la tradition

---

[60] Nous rappellerons aussi, à cet égard, la « Parole perdue » de la Maçonnerie, qui symbolise pareillement les secrets de l'initiation véritable ; la « recherche de la Parole perdue » n'est donc qu'une autre forme de la « queste du Graal ». Ceci justifie la relation signalée par l'historien Henri Martin entre la « Massenie du Saint-Graal » et la Maçonnerie (voir *L'Ésotérisme de Dante*, éd. 1957, pp. 35-36) ; et les explications que nous donnons ici permettront de comprendre ce que nous disions, à ce propos, de la connexion très étroite qui existe entre le symbolisme même du *Graal* et le « centre commun » de toutes les organisations initiatiques.

[61] Ce nom de *Longin* est apparenté au nom même de la lance, en grec *logké* (qui se prononce *lonké*) ; le latin *lancea* a d'ailleurs la même racine.

[62] Ces deux personnages représentent ici respectivement le pouvoir royal et le pouvoir sacerdotal ; il en est de même d'Arthur et de Merlin dans l'institution de la « Table Ronde ».

celtique et le Christianisme. La coupe, en effet, joue un rôle fort important dans la plupart des traditions antiques, et sans doute en était-il ainsi notamment chez les Celtes ; il est même à remarquer qu'elle est fréquemment associée à la lance, ces deux symboles étant alors en quelque sorte complémentaires l'un de l'autre ; mais ceci nous éloignerait de notre sujet[63].

Ce qui montre peut-être le plus nettement la signification essentielle du Graal, c'est ce qui est dit de son origine : cette coupe aurait été taillée par les Anges dans une émeraude tombée du front de Lucifer lors de sa chute[64]. Cette émeraude rappelle d'une façon très frappante l'*urnâ*, la perle frontale qui, dans le symbolisme hindou (d'où elle est passée dans le Bouddhisme), tient souvent la place du

---

[63] Nous dirons seulement que le symbolisme de la lance est souvent en rapport avec l'« Axe du Monde » ; à cet égard, le sang qui dégoutte de la lance a la même signification que la rosée qui émane de l'« Arbre de Vie » ; on sait d'ailleurs que toutes les traditions sont unanimes à affirmer que le principe vital est intimement lié au sang.

[64] Certains disent une émeraude tombée de la couronne de Lucifer, mais il y a là une confusion qui provient de ce que Lucifer, avant sa chute, était l'« Ange de la Couronne » (c'est-à-dire de *Kether*, la première *Sephirah*), en hébreu *Hakathriel*, nom qui a d'ailleurs pour nombre 666.

troisième œil de *Shiva*, représentant ce qu'on peut appeler le « sens de l'éternité », ainsi que nous l'avons déjà expliqué ailleurs[65]. Du reste, il est dit ensuite que le Graal fut confié à Adam dans le Paradis terrestre, mais que, lors de sa chute, Adam le perdit à son tour, car il ne put l'emporter avec lui lorsqu'il fut chassé de l'Éden ; et, avec la signification que nous venons d'indiquer, cela devient fort clair. En effet, l'homme, écarté de son centre originel, se trouvait dès lors enfermé dans la sphère temporelle ; il ne pouvait plus rejoindre le point unique d'où toutes choses sont contemplées sous l'aspect de l'éternité. En d'autres termes, la possession du « sens de l'éternité » est liée à ce que toutes les traditions nomment, comme nous l'avons rappelé plus haut, l'« état primordial », dont la restauration constitue le premier stade de la véritable initiation, étant la condition préalable de la conquête effective des états « supra-humains »[66]. Le Paradis terrestre, d'ailleurs, représente proprement le « Centre du Monde » ; et ce que nous

---

[65] *L'Homme et son devenir selon le Vêdânta*, p. 150.

[66] Sur cet « état primordial » ou « état édénique », voir *L'Ésotérisme de Dante*, éd. 1957, pp. 46-48 et 68-70 ; *L'Homme et son devenir selon le Vêdânta*, p. 182.

dirons dans la suite, sur le sens originel du mot *Paradis*, pourra le faire mieux comprendre encore.

Ce qui suit peut sembler plus énigmatique : Seth obtint de rentrer dans le Paradis terrestre et put ainsi recouvrer le précieux vase ; or le nom de *Seth* exprime les idées de fondement et de stabilité, et, par suite, il indique en quelque façon la restauration de l'ordre primordial détruit par la chute de l'homme[67]. On doit donc comprendre que Seth et ceux qui après lui possédèrent le Graal purent par là même établir un centre spirituel destiné à remplacer le Paradis perdu, et qui était comme une image de celui-ci ; et alors cette possession du Graal représente la conservation intégrale de la tradition primordiale dans un tel centre spirituel. La légende, d'ailleurs, ne dit pas où ni par qui le Graal fut conservé jusqu'à l'époque du Christ ; mais l'origine

---

[67] Il est dit que Seth demeura quarante ans dans le Paradis terrestre ; ce nombre 40 a aussi un sens de « réconciliation » ou de « retour au principe ». Les périodes mesurées par ce nombre se rencontrent très souvent dans la tradition judéo-chrétienne : rappelons les quarante jours du déluge, les quarante ans pendant lesquels les Israélites errèrent dans le désert, les quarante jours que Moïse passa sur le Sinaï, les quarante jours de jeûne du Christ (le Carême a naturellement la même signification) ; et sans doute pourrait-on en trouver d'autres encore.

celtique qu'on lui reconnaît doit sans doute laisser entendre que les Druides y eurent une part et doivent être comptés parmi les conservateurs réguliers de la tradition primordiale.

La perte du Graal, ou de quelqu'un de ses équivalents symboliques, c'est en somme la perte de la tradition avec tout ce que celle-ci comporte ; à vrai dire, d'ailleurs, cette tradition est plutôt cachée que perdue, ou du moins elle ne peut être perdue que pour certains centres secondaires, lorsque ceux-ci cessent d'être en relation directe avec le centre suprême. Quant à ce dernier, il garde toujours intact le dépôt de la tradition, et il n'est pas affecté par les changements qui surviennent dans le monde extérieur ; c'est ainsi que, suivant divers Pères de l'Église, et notamment saint Augustin, le déluge n'a pu atteindre le Paradis terrestre, qui est « l'habitation d'Hénoch et la Terre des Saints[68] », et dont le sommet « touche la sphère lunaire », c'est-à-dire se trouve au-delà du domaine du changement

---

[68] « Et Hénoch marcha avec Dieu, et il ne parut plus (dans le monde visible ou extérieur), car Dieu le prit » (*Genèse*, V, 24). Il aurait été alors transporté au Paradis terrestre ; c'est ce que pensent aussi certains théologiens comme Tostat et Cajetan. — Sur la « Terre des Saints » ou « Terre des Vivants », voir ce qui sera dit plus loin.

(identifié au « monde sublunaire »), au point de communication de la Terre et des Cieux[69]. Mais, de même que le Paradis terrestre est devenu inaccessible, le centre suprême, qui est au fond la même chose, peut, au cours d'une certaine période, n'être pas manifesté extérieurement, et alors on peut dire que la tradition est perdue pour l'ensemble de l'humanité, car elle n'est conservée que dans certains centres rigoureusement fermés, et la masse des hommes n'y participe plus d'une façon consciente et effective, contrairement à ce qui avait lieu dans l'état originel[70] ; telle est précisément la condition de l'époque actuelle, dont le début remonte d'ailleurs bien au-delà de ce qui est accessible à l'histoire ordinaire et « profane ». La perte de la tradition peut donc, suivant les cas, être entendue dans ce sens général, ou bien être rapportée à l'obscuration du centre spirituel qui

---

[69] Ceci est conforme au symbolisme employé par Dante, situant le Paradis terrestre au sommet de la montagne du Purgatoire, qui s'identifie chez lui à la « montagne polaire » de toutes les traditions.

[70] La tradition hindoue enseigne qu'il n'y avait à l'origine qu'une seule caste, qui était appelée *Hamsa* ; cela signifie que tous les hommes possédaient alors normalement et spontanément le degré spirituel qui est désigné par ce nom, et qui est au-delà de la distinction des quatre castes actuelles.

régissait plus ou moins invisiblement les destinées d'un peuple particulier ou d'une civilisation déterminée ; il faut donc, chaque fois qu'on rencontre un symbolisme qui s'y rapporte, examiner s'il doit être interprété dans l'un ou l'autre sens.

D'après ce que nous venons de dire, le Graal représente en même temps deux choses qui sont étroitement solidaires l'une de l'autre : celui qui possède intégralement la « tradition primordiale », qui est parvenu au degré de connaissance effective qu'implique essentiellement cette possession, est en effet, par là même, réintégré dans la plénitude de l'« état primordial ». À ces deux choses, « état primordial » et « tradition primordiale », se rapporte le double sens qui est inhérent au mot *Graal* lui-même, car, par une de ces assimilations verbales qui jouent souvent dans le symbolisme un rôle non négligeable, et qui ont d'ailleurs des raisons beaucoup plus profondes qu'on ne se l'imaginerait à première vue, le Graal est à la fois un vase (*grasale*) et un livre (*gradale* ou *graduale*) ; ce dernier aspect désigne manifestement la tradition, tandis que l'autre concerne plus directement l'état lui-même[71].

Nous n'avons pas l'intention d'entrer ici dans les détails secondaires de la légende du Saint-Graal, bien qu'ils aient tous aussi une valeur symbolique, ni de suivre l'histoire des « Chevaliers de la Table Ronde » et de leurs exploits ; nous rappellerons seulement que la « Table Ronde », construite par le roi Arthur[72] sur les plans de Merlin, était destinée à recevoir le Graal lorsqu'un des Chevaliers serait parvenu à le conquérir et l'aurait apporté de Grande-Bretagne en Armorique. Cette table est encore un symbole vraisemblablement très ancien, un de ceux qui furent toujours associés à l'idée des centres spirituels, conservateurs de la tradition ; la forme circulaire de la table est d'ailleurs liée formellement au cycle zodiacal par la présence

---

[71] Dans certaines versions de la légende du Saint-Graal, les deux sens se trouvent étroitement unis, car le livre devient alors une inscription tracée par le Christ ou par un ange sur la coupe elle-même. — Il y aurait là des rapprochements faciles à faire avec le « Livre de Vie » et avec certains éléments du symbolisme apocalyptique.

[72] Le nom d'*Arthur* a un sens très remarquable, qui se rattache au symbolisme « polaire », et que nous expliquerons peut-être en une autre occasion.

autour d'elle de douze personnages principaux[73], particularité qui, comme nous le disions précédemment, se retrouve dans la constitution de tous les centres dont il s'agit.

Il y a encore un symbole qui se rattache à un autre aspect de la légende du Graal, et qui mérite une attention spéciale : c'est celui de *Montsalvat* (littéralement « Mont du Salut »), le pic situé « aux bords lointains dont nul mortel n'approche », représenté comme se dressant au milieu de la mer, dans une région inaccessible, et derrière lequel se lève le Soleil. C'est à la fois l'« île sacrée » et la « montagne polaire », deux symboles équivalents dont nous aurons encore à reparler dans la suite de

---

[73] Les « Chevaliers de la Table Ronde » sont parfois au nombre de cinquante (qui était, chez les Hébreux, le nombre du Jubilé, et qui se rapporte aussi au « règne du Saint-Esprit ») ; mais, même alors, il y en a toujours douze qui jouent un rôle prépondérant. — Rappelons aussi, à ce propos, les douze pairs de Charlemagne dans d'autres récits légendaires du moyen âge.

cette étude ; c'est la « Terre d'immortalité », qui s'identifie naturellement au Paradis terrestre[74].

Pour en revenir au Graal lui-même, il est facile de se rendre compte que sa signification première est au fond la même que celle qu'a généralement le vase sacré partout où il se rencontre, et qu'a notamment, en Orient, la coupe sacrificielle contenant originairement, comme nous l'indiquons plus haut, le *Soma* védique ou le *Haoma* mazdéen, c'est-à-dire le « breuvage d'immortalité » qui confère ou restitue, à ceux qui le reçoivent avec les dispositions requises, le « sens de l'éternité ». Nous ne pourrions, sans sortir de notre sujet, nous étendre davantage sur le symbolisme de la coupe et de ce qu'elle contient ; il faudrait, pour le développer convenablement, y consacrer toute une étude spéciale ; mais la remarque que nous venons de faire va nous conduire à d'autres considérations qui sont de la plus grande importance pour ce que nous nous proposons présentement.

---

[74] La similitude de *Montsalvat* avec le *Mêru* nous a été signalée par des Hindous, et c'est ce qui nous a amené à examiner de plus près la signification de la légende occidentale du Graal.

Chapitre VI

« MELKI-TSEDEQ »

Il est dit dans les traditions orientales que le *Soma*, à une certaine époque, devint inconnu, de sorte qu'il fallut, dans les rites sacrificiels, lui substituer un autre breuvage, qui n'était plus qu'une figure de ce *Soma* primitif[75] ; ce rôle fut joué principalement par le vin, et c'est à quoi se rapporte, chez les Grecs, une grande partie de la légende de *Dionysos*[76]. Or le vin est pris

---

[75] Suivant la tradition des Perses, il y eut deux sortes de *Haoma* : le blanc, qui ne pouvait être recueilli que sur la « montagne sacrée », appelée par eux *Alborj*, et le jaune, qui remplaça le premier lorsque les ancêtres des Iraniens eurent quitté leur habitat primitif, mais qui fut perdu également par la suite. Il s'agit là des phases successives de l'obscurcissement spirituel qui se produit graduellement à travers les différents âges du cycle humain.

[76] *Dionysos* ou *Bacchus* a des noms multiples, correspondant à autant d'aspects différents ; sous un de ces aspects au moins, la tradition le fait venir de l'Inde. Le récit suivant lequel il naquit de la cuisse de *Zeus* repose sur une assimilation verbale des plus curieuses : le mot

souvent pour représenter la vraie tradition initiatique : en hébreu, les mots *iaïn*, « vin », et *sod*, « mystère », se substituent l'un à l'autre comme ayant le même nombre[77] ; chez les *Sûfis*, le vin symbolise la connaissance ésotérique, la doctrine réservée à l'élite et qui ne convient pas à tous les hommes, de même que tous ne peuvent pas boire le vin impunément. Il résulte de là que l'emploi du vin dans un rite confère à celui-ci un caractère nettement initiatique ; tel est notamment le cas du sacrifice « eucharistique » de Melchissédec[78], et c'est là le point essentiel sur lequel nous devons maintenant nous arrêter.

Le nom de Melchissédec, ou plus exactement *Melki-Tsedeq*, n'est pas autre chose, en effet, que le nom sous lequel la fonction même du « Roi du Monde » se trouve expressément désignée dans la

---

grec *méros*, « cuisse », a été substitué au nom du *Méru*, la « montagne polaire », auquel il est presque identique phonétiquement.

[77] Le nombre de chacun de ces deux mots est 70.

[78] Le sacrifice de Melchissédec est habituellement regardé comme une « préfiguration » de l'Eucharistie ; et le sacerdoce chrétien s'identifie en principe au sacerdoce même de Melchissédec, suivant l'application faite au Christ de cette parole des *Psaumes* : « Tu es sacerdos in æternum secundum ordinem Melchissedec » (*Ps.*, CX, 4).

tradition judéo-chrétienne. Nous avons quelque peu hésité à énoncer ce fait, qui comporte l'explication d'un des passages les plus énigmatiques de la Bible hébraïque, mais, dès lors que nous nous étions décidé à traiter cette question du « Roi du Monde », il ne nous était véritablement pas possible de le passer sous silence. Nous pourrions reprendre ici la parole prononcée à ce propos par saint Paul : « Nous avons, à ce sujet, beaucoup de choses à dire, et des choses difficiles à expliquer, parce que vous êtes devenus lents à comprendre[79]. »

Voici d'abord le texte même du passage biblique dont il s'agit : « Et *Melki-Tsedeq*, roi de *Salem*, fit apporter du pain et du vin ; et il était prêtre du Dieu Très Haut (*El Elion*). Et il bénit Abram[80], disant : Béni soit Abram du Dieu Très-Haut, possesseur des Cieux et de la Terre ; et béni soit le Dieu Très-Haut,

---

[79] Épître aux Hébreux, V, 11.

[80] Le nom d'*Abram* n'avait pas encore été changé alors en *Abraham* ; en même temps (*Genèse*, XVII), le nom de son épouse *Saraï* fut changé en *Sarah*, de sorte que la somme des nombres de ces deux noms demeura la même.

qui a livré tes ennemis entre tes mains. Et Abram lui donna la dîme de tout ce qu'il avait pris[81]. »

Melki-Tsedeq est donc roi et prêtre tout ensemble ; son nom signifie « roi de Justice », et il est en même temps roi de *Salem*, c'est-à-dire de la « Paix » ; nous retrouvons donc ici, avant tout, la « Justice » et la « Paix », c'est-à-dire précisément les deux attributs fondamentaux du « Roi du Monde ». Il faut remarquer que le mot *Salem*, contrairement à l'opinion commune, n'a jamais désigné en réalité une ville, mais que, si on le prend pour le nom symbolique de la résidence de *Melki-Tsedeq*, il peut être regardé comme un équivalent du terme *Agarttha*. En tout cas, c'est une erreur de voir là le nom primitif de Jérusalem, car ce nom était *Jébus* ; au contraire, si le nom de Jérusalem fut donné à cette ville lorsqu'un centre spirituel y fut établi par les Hébreux, c'est pour indiquer qu'elle était dès lors comme une image visible de la véritable *Salem* ; et il est à noter que le Temple fut édifié par Salomon,

---

[81] *Genèse*, XIV, 19-20.

dont le nom (*Shlomoh*), dérivé aussi de *Salem*, signifie le « Pacifique »[82].

Voici maintenant en quels termes saint Paul commente ce qui est dit de *Melki-Tsedeq* : « Ce Melchis-sédec, roi de Salem, prêtre du Dieu Très-Haut, qui alla au-devant d'Abraham lorsqu'il revenait de la défaite des rois, qui le bénit, et à qui Abraham donna la dîme de tout le butin ; qui est d'abord, selon la signification de son nom, roi de Justice, ensuite roi de Salem, c'est-à-dire roi de Paix ; qui est sans père, sans mère, sans généalogie, qui n'a ni commencement ni fin de sa vie, mais qui est fait ainsi semblable au Fils de Dieu ; ce Melchissédec demeure prêtre à perpétuité[83]. »

Or, *Melki-Tsedeq* est représenté comme supérieur à Abraham, puisqu'il le bénit, et, « sans contredit, c'est l'inférieur qui est béni par le

---

[82] Il est à remarquer aussi que la même racine se retrouve encore dans les mots *Islam* et *moslem* (musulman) ; la « soumission à la Volonté divine » (c'est le sens propre du mot *Islam*) est la condition nécessaire de la « Paix » ; l'idée exprimée ici est à rapprocher de celle du *Dharma* hindou.

[83] Épître aux Hébreux, VII, 1-3.

supérieur[84] » ; et, de son côté, Abraham reconnaît cette supériorité, puisqu'il lui donne la dîme, ce qui est la marque de sa dépendance. Il y a là une véritable « investiture », presque au sens féodal de ce mot, mais avec cette différence qu'il s'agit d'une investiture spirituelle ; et nous pouvons ajouter que là se trouve le point de jonction de la tradition hébraïque avec la grande tradition primordiale. La « bénédiction » dont il est parlé est proprement la communication d'une « influence spirituelle », à laquelle Abraham va participer désormais ; et l'on peut remarquer que la formule employée met Abraham en relation directe avec le « Dieu Très-Haut », que ce même Abraham invoque ensuite en l'identifiant avec *Jehovah*[85]. Si *Melki-Tsedeq* est ainsi supérieur à Abraham, c'est que le « Très-Haut » (*Elion*), qui est le Dieu de *Melki-Tsedeq*, est lui-même supérieur au « Tout-Puissant » (*Shaddai*), qui est le Dieu d'Abraham, ou, en d'autres termes, que le premier de ces deux noms représente un aspect divin plus élevé que le second. D'autre part, ce qui est extrêmement important, et ce qui semble

---

[84] *Ibid.*, VII, 7.
[85] *Genèse*, XIV, 22.

n'avoir jamais été signalé, c'est qu'*El Elion* est l'équivalent d'*Emmanuel*, ces deux noms ayant exactement le même nombre[86] ; et ceci rattache directement l'histoire de *Melki-Tsedeq* à celle des « Rois-Mages », dont nous avons expliqué précédemment la signification. De plus, on peut encore y voir ceci : le sacerdoce de *Melki-Tsedeq* est le sacerdoce d'*El Elion* : le sacerdoce chrétien est celui d'*Emmanuel* ; si donc *El Elion* est *Emmanuel*, ces deux sacerdoces n'en sont qu'un, et le sacerdoce chrétien, qui d'ailleurs comporte essentiellement l'offrande eucharistique du pain et du vin, est véritablement « selon l'ordre de Melchissédec »[87].

La tradition judéo-chrétienne distingue deux sacerdoces, l'un « selon l'ordre d'Aaron », l'autre « selon l'ordre de Melchissédec » ; et celui-ci est supérieur à celui-là, comme Melchissédec lui-même est supérieur à Abraham, duquel est issue la tribu

---

[86] Le nombre de chacun de ces noms est 197.

[87] Ceci est la justification complète de l'identité que nous indiquions plus haut ; mais il convient d'observer que la participation à la tradition peut n'être pas toujours consciente ; en ce cas, elle n'en est pas moins réelle comme moyen de transmission des « influences spirituelles », mais elle n'implique pas l'accession effective à un rang quelconque de la hiérarchie initiatique.

de Lévi et, par conséquent, la famille d'Aaron[88]. Cette supériorité est nettement affirmée par saint Paul, qui dit : « Lévi même, qui perçoit la dîme (sur le peuple d'Israël), l'a payée, pour ainsi dire, par Abraham[89]. » Nous n'avons pas à nous étendre davantage ici sur la signification de ces deux sacerdoces ; mais nous citerons encore cette autre parole de saint Paul : « Ici (dans le sacerdoce lévitique), ce sont des hommes mortels qui perçoivent les dîmes ; mais là, c'est un homme dont il est attesté qu'il est vivant[90]. » Cet « homme vivant » qui est *Melki-Tsedeq*, c'est *Manu* qui demeure en effet « perpétuellement » (en hébreu *le-ôlam*), c'est-à-dire pour toute la durée de son cycle (*Manvantara*) ou du monde qu'il régit spécialement. C'est pourquoi il est « sans

---

[88] On peut dire aussi, d'après ce qui précède, que cette supériorité correspond à celle de la Nouvelle Alliance sur l'Ancienne Loi (*Épître aux Hébreux*, VII, 22). Il y aurait lieu d'expliquer pourquoi le Christ est né de la tribu royale de Juda, et non de la tribu sacerdotale de Lévi (voir *ibid.*, VII, 11-17) ; mais ces considérations nous entraîneraient trop loin. — L'organisation des douze tribus, descendant des douze fils de Jacob, se rattache naturellement à la constitution duodénaire des centres spirituels.

[89] Épître aux Hébreux, VII, 9.

[90] *Ibid.*, VII, 8.

généalogie », car son origine est « non humaine », puisqu'il est lui-même le prototype de l'homme ; et il est bien réellement « fait semblable au Fils de Dieu », puisque, par la Loi qu'il formule, il est, pour ce monde, l'expression et l'image même du Verbe divin[91].

Il y a encore d'autres remarques à faire, et tout d'abord celle-ci : dans l'histoire des « Rois-Mages », nous voyons trois personnages distincts, qui sont les trois chefs de la hiérarchie initiatique ; dans celle de *Melki-Tsedeq*, nous n'en voyons qu'un seul, mais qui peut unir en lui des aspects correspondant aux trois mêmes fonctions. C'est ainsi que certains ont distingué *Adoni-Tsedeq*, le « Seigneur de Justice », qui se dédouble en quelque sorte en *Kohen-Tsedeq*, le « Prêtre de Justice », et *Melki-Tsedeq*, le « Roi de Justice » ; ces trois aspects peuvent en effet être considérés comme se rapportant respectivement aux fonctions du *Brahâtmâ*, du *Mahâtmâ* et du

---

[91] *Dans la Pistis Sophia* des Gnostiques alexandrins, Melchissédec est qualifié de « Grand Receveur de la Lumière éternelle » ; ceci convient encore à la fonction de *Manu*, qui reçoit en effet la Lumière intelligible, par un rayon directement émané du Principe, pour la réfléchir dans le monde qui est son domaine ; et c'est d'ailleurs pourquoi *Manu* est dit « fils du Soleil ».

Le Roi du Monde

Mahânga[92]. Bien que *Melki-Tsedeq* ne soit alors proprement que le nom du troisième aspect, il est appliqué d'ordinaire par extension à l'ensemble des trois, et, s'il est ainsi employé de préférence aux autres, c'est que la fonction qu'il exprime est la plus proche du monde extérieur, donc celle qui est manifestée le plus immédiatement. Du reste, on peut remarquer que l'expression de « Roi du Monde », aussi bien que celle de « Roi de Justice », ne fait allusion directement qu'au pouvoir royal ; et, d'autre part, on trouve aussi dans l'Inde la désignation de *Dharma-Râja*, qui est littéralement équivalente à celle de *Melki-Tsedeq*[93].

Si maintenant nous prenons le nom de *Melki-Tse-deq* dans son sens le plus strict, les attributs

---

[92] Il existe encore d'autres traditions relatives à *Melki-Tsedeq* ; suivant l'une d'elles, celui-ci aurait été consacré dans le Paradis terrestre, par l'ange *Mikaël*, à l'âge de 52 ans. Ce nombre symbolique 52 joue, d'autre part, un rôle important dans la tradition hindoue, où il est considéré comme le nombre total des sens inclus dans le *Vêda* ; on dit même qu'à ces sens correspondent autant de prononciations différentes du monosyllabe *Om*.

[93] Ce nom ou plutôt ce titre de *Dharma-Râja* est appliqué notamment, dans le *Mahâbhârata*, à *Yudhishthira* ; mais il l'a été tout d'abord à *Yama*, « le Juge des morts », dont le rapport très étroit avec *Manu* a été indiqué précédemment.

propres du « Roi de Justice » sont la balance et l'épée ; et ces attributs sont aussi ceux de *Mikaël*, considéré comme l'« Ange du Jugement »[94]. Ces deux emblèmes représentent respectivement, dans l'ordre social, les deux fonctions administrative et militaire, qui appartiennent en propre aux *Kshatriyas*, et qui sont les deux éléments constitutifs du pouvoir royal. Ce sont aussi, hiéroglyphiquement, les deux caractères formant la racine hébraïque et arabe *Haq*, qui signifie à la fois « Justice » et « Vérité »[95], et qui, chez divers peuples anciens, a servi précisément à désigner la royauté[96]. *Haq* est la puissance qui fait régner la Justice, c'est-à-dire l'équilibre symbolisé par la balance, tandis

---

[94] Dans l'iconographie chrétienne, l'ange *Mikaël* figure avec ces deux attributs dans les représentations du « Jugement dernier ».

[95] De même, chez les anciens Égyptiens, *Mâ* ou *Maât* était en même temps la « Justice » et la « Vérité » ; on la voit figurée dans un des plateaux de la balance du Jugement, tandis que dans l'autre est un vase, hiéroglyphe du cœur. — En hébreu, *hoq* signifie « décret » (*Ps.*, II, 7).

[96] Ce mot *Haq* a pour valeur numérique 108, qui est un des nombres cycliques fondamentaux. — Dans l'Inde, le chapelet shivaïte est composé de 108 grains ; et la signification première du chapelet symbolise la « chaîne des mondes », c'est-à-dire l'enchaînement causal des cycles ou des états d'existence.

Le Roi du Monde

que la puissance elle-même l'est par l'épée[97], et c'est bien là ce qui caractérise le rôle essentiel du pouvoir royal ; et, d'autre part, c'est aussi, dans l'ordre spirituel, la force de la Vérité. Il faut d'ailleurs ajouter qu'il existe aussi une forme adoucie de cette racine *Haq*, obtenue par la substitution du signe de la force spirituelle à celui de la force matérielle ; et cette forme *Hak* désigne proprement la « Sagesse » (en hébreu *Hokmah*), de sorte qu'elle convient plus spécialement à l'autorité sacerdotale, comme l'autre au pouvoir royal. Ceci est encore confirmé par le fait que les deux formes correspondantes se retrouvent, avec des sens similaires, pour la racine *kan*, qui, dans des langues très diverses, signifie « pouvoir » ou « puissance », et aussi « connaissance »[98] : *kan* est surtout le pouvoir spirituel ou intellectuel, identique à la Sagesse (d'où *Kohen*, « prêtre » en hébreu), et *qan* est le pouvoir matériel (d'où différents mots exprimant l'idée de

---

[97] Cette signification pourrait se résumer dans cette formule : « la force au service du droit », si les modernes n'avaient par trop abusé de celle-ci en la prenant dans un sens tout extérieur.
[98] Voir *L'Ésotérisme de Dante*, éd. 1957, p. 58.

« possession », et notamment le nom de *Qaïn*[99].

Ces racines et leurs dérivés pourraient sans doute donner lieu encore à beaucoup d'autres considérations ; mais nous devons nous borner à ce qui se rapporte le plus directement au sujet de la présente étude.

Pour compléter ce qui précède, nous reviendrons à ce que la Kabbale hébraïque dit de la *Shekinah* : celle-ci est représentée dans le « monde inférieur » par la dernière des dix *Sephiroth*, qui est appelée *Malkuth*, c'est-à-dire le « Royaume », désignation qui est assez digne de remarque au point de vue où nous nous plaçons ici ; mais ce qui l'est plus encore, c'est que, parmi les synonymes qui sont parfois donnés à *Malkuth*, on rencontre *Tsedeq*, le « Juste »[100]. Ce rapprochement de

---

[99] Le mot *Khan*, titre donné aux chefs par les peuples de l'Asie centrale, se rattache peut-être à la même racine.

[100] *Tsedeq* est aussi le nom de la planète Jupiter, dont l'ange est appelé *Tsadqiel-Melek* ; la similitude avec le nom de *Melki-Tsedeq* (auquel est seulement ajouté *El*, le nom divin qui forme la terminaison commune de tous les noms angéliques) est ici trop évidente pour qu'il y ait lieu d'y insister. Dans l'Inde, la même planète porte le nom de *Brihaspati*, qui est également le « Pontife céleste ». — Un autre synonyme de *Malkuth* est *Sabbath*, dont le sens de « repos » se réfère visiblement à l'idée de la « Paix », d'autant plus que cette idée

Malkuth et de *Tsedeq,* ou de la Royauté (le gouvernement du Monde) et de la Justice, se retrouve précisément dans le nom de *Melki-Tsedeq.* Il s'agit ici de la Justice distributive et proprement équilibrante, dans la « colonne du milieu » de l'arbre séphirothique ; il faut la distinguer de la Justice opposée à la Miséricorde et identifiée à la Rigueur, dans la « colonne de gauche », car ce sont là deux aspects différents (et d'ailleurs, en hébreu, il y a deux mots pour les désigner : la première est *Tsedaqah,* et la seconde est *Din*). C'est le premier de ces aspects qui est la Justice au sens le plus strict et le plus complet à la fois, impliquant essentiellement l'idée d'équilibre ou d'harmonie, et liée indissolublement à la Paix.

Malkuth est « le réservoir où se réunissent les eaux qui viennent du fleuve d'en haut, c'est-à-dire toutes les émanations (grâces ou influences spirituelles) qu'elle répand en abondance[101] ». Ce « fleuve d'en haut » et les eaux qui en descendent rappellent étrangement le rôle attribué au fleuve

---

exprime, comme on l'a vu plus haut, l'aspect externe de la *Shekinah* elle-même, celui par lequel elle se communique au « monde inférieur ».

[101] P. Vulliaud, *La Kabbale juive,* t. I, p. 509.

céleste *Gangâ* dans la tradition hindoue : et l'on pourrait aussi remarquer que la *Shakti*, dont *Gangâ* est un aspect, n'est pas sans présenter certaines analogies avec la *Shekinah*, ne serait-ce qu'en raison de la fonction « providentielle » qui leur est commune. Le réservoir des eaux célestes est naturellement identique au centre spirituel de notre monde : de là partent les quatre fleuves du *Pardès*, se dirigeant vers les quatre points cardinaux. Pour les Juifs, ce centre spirituel s'identifie à la colline de Sion, à laquelle ils appliquent l'appellation de « Cœur du Monde », d'ailleurs commune à toutes les « Terres Saintes », et qui, pour eux, devient ainsi en quelque sorte l'équivalent du *Mêru* des Hindous ou de l'*Alborj* des Perses[102]. « Le Tabernacle de la Sainteté de *Jehovah*, la résidence de la *Shekinah*, est le Saint des Saints qui est le cœur du Temple, qui est lui-même le centre de Sion (Jérusalem), comme la sainte Sion est le centre de la Terre d'Israël,

---

[102] Chez les Samaritains, c'est le mont *Garizim* qui joue le même rôle et qui reçoit les mêmes appellations : il est la « Montagne bénie », la « Colline éternelle », le « Mont de l'Héritage », la « Maison de Dieu » et le Tabernacle de ses Anges, la demeure de la *Shekinah* ; il est même identifié à la « Montagne primordiale » (*Har Qadim*) où fut l'*Éden*, et qui ne fut pas submergée par les eaux du déluge.

comme la Terre d'Israël est le centre du monde[103]. » On peut même pousser les choses encore plus loin : non seulement tout ce qui est énuméré ici, en le prenant dans l'ordre inverse, mais aussi, après le Tabernacle dans le Temple, l'Arche d'Alliance dans le Tabernacle, et, sur l'Arche d'Alliance elle-même, le lieu de manifestation de la *Shekinah* (entre les deux *Kerubim*), représentent comme autant d'approximations successives du « Pôle spirituel ».

C'est aussi de cette façon que Dante présente précisément Jérusalem comme le « Pôle spirituel », ainsi que nous avons eu l'occasion de l'expliquer ailleurs[104] ; mais ceci, dès qu'on sort du point de vue proprement judaïque, devient surtout symbolique et ne constitue plus une localisation au sens strict de ce mot. Tous les centres spirituels secondaires, constitués en vue d'adaptations de la tradition primordiale à des conditions déterminées, sont, comme nous l'avons déjà montré, des images du centre suprême ; Sion peut n'être en réalité qu'un de ces centres secondaires, et cependant s'identifier symboliquement au centre suprême en vertu de

---

[103] S. Vulliaud, *La Kabbale juive*, t. I, p. 509.
[104] *L'Ésotérisme de Dante*, éd. 1957, p. 64.

cette similitude. Jérusalem est effectivement, comme l'indique son nom, une image de la véritable *Salem* ; ce que nous avons dit et ce que nous dirons encore de la « Terre Sainte », qui n'est pas seulement la Terre d'Israël, permettra de le comprendre sans difficulté.

À ce propos, une autre expression très remarquable, comme synonyme de « Terre Sainte », est celle de « Terre des Vivants » : elle désigne manifestement le « séjour d'immortalité », de sorte que, dans son sens propre et rigoureux, elle s'applique au Paradis terrestre ou à ses équivalents symboliques ; mais cette appellation a été aussi transportée aux « Terres Saintes » secondaires, et notamment à la Terre d'Israël. Il est dit que « la Terre des Vivants comprend sept terres », et M. Vulliaud note à ce sujet que « cette terre est Chanaan dans lequel il y avait sept peuples[105] ». Sans doute, cela est exact au sens littéral ; mais, symboliquement, ces sept terres pourraient fort bien, comme celles dont il est question d'autre part dans la tradition islamique, correspondre aux sept *dwîpas* qui, selon la tradition hindoue, ont le *Mêru*

---

[105] *La Kabbale juive*, t. II, p. 116.

pour centre commun, et sur lesquels nous reviendrons plus loin. De même, quand les anciens mondes, ou les créations antérieures à la nôtre, sont figurés par les « sept rois d'Edom » (le nombre septénaire se trouvant ici en rapport avec les sept « jours » de la *Genèse*), il y a là une ressemblance, beaucoup trop frappante pour n'être qu'accidentelle, avec les ères des sept *Manus* comptées depuis le début du *Kalpa* jusqu'à l'époque actuelle[106].

---

[106] Un *Kalpa* comprend quatorze *Manvantaras* ; *Vaivaswata*, le présent *Manu*, est le septième de ce *Kalpa*, appelé *Shrî-Shwêta-Varâha-Kalpa* ou « Ère du Sanglier blanc ». — Une autre remarque curieuse est celle-ci : les Juifs donnent à Rome l'appel-lation d'*Edom* ; or la tradition parle aussi de sept rois de Rome, et le second de ces rois, *Numa*, qui est considéré comme le légis-lateur de la cité, porte un nom qui est le retournement syllabique exact de celui de *Manu*, et qui peut en même temps être rapproché du mot grec *nomos*, « loi ». Il y a donc lieu de penser que ces sept rois de Rome ne sont pas autre chose, à un certain point de vue, qu'une représentation particulière des sept *Manus* pour une civilisation déterminée, de même que les sept sages de la Grèce sont d'autre part, dans des conditions similaires, une représentation des sept *Rishis*, en qui se synthétise la sagesse du cycle immédiatement antérieur au nôtre.

Chapitre VII

« LUZ » OU LE SÉJOUR D'IMMORTALITÉ

Les traditions relatives au « monde souterrain » se rencontrent chez un grand nombre de peuples ; nous n'avons pas l'intention de les rassembler toutes ici, d'autant plus que certaines d'entre elles ne semblent pas avoir une relation très directe avec la question qui nous occupe. Cependant, on pourrait observer, d'une façon générale, que le « culte des cavernes » est toujours plus ou moins lié à l'idée de « lieu intérieur » ou de « lieu central », et que, à cet égard, le symbole de la caverne et celui du cœur sont assez proches l'un de l'autre[107]. D'autre part, il y a très réellement, en Asie centrale comme en Amérique et peut-être ailleurs encore, des cavernes et des

---

[107] La caverne ou la grotte représente la cavité du cœur, considéré comme centre de l'être, et aussi l'intérieur de l'« Œuf du Monde ».

souterrains où certains centres initiatiques ont pu se maintenir depuis des siècles ; mais, en dehors de ce fait, il y a, dans tout ce qui est rapporté à ce sujet, une part de symbolisme qu'il n'est pas bien difficile de dégager ; et nous pouvons même penser que ce sont précisément des raisons d'ordre symbolique qui ont déterminé le choix de lieux souterrains pour l'établissement de ces centres initiatiques, beaucoup plus que des motifs de simple prudence. Saint-Yves aurait peut-être pu expliquer ce symbolisme, mais il ne l'a pas fait, et c'est ce qui donne à certaines parties de son livre une apparence de fantasmagorie[108] ; quant à M. Ossendowski, il était sûrement incapable d'aller au-delà de la lettre et de voir dans ce qu'on lui disait autre chose que le sens le plus immédiat.

Parmi les traditions auxquelles nous faisions allusion tout à l'heure, il en est une qui présente un intérêt particulier : elle se trouve dans le Judaïsme

---

[108] Nous citerons comme exemple le passage où il est question de la « descente aux Enfers » ; ceux qui en auront l'occasion pourront le comparer avec ce que nous avons dit sur le même sujet dans *L'Ésotérisme de Dante*.

et concerne une ville mystérieuse appelée *Luz*[109]. Ce nom était originairement celui du lieu où Jacob eut le songe à la suite duquel il l'appela *Beith-El*, c'est-à-dire « maison de Dieu »[110] ; nous reviendrons plus tard sur ce point. Il est dit que l'« Ange de la Mort » ne peut pénétrer dans cette ville et n'y a aucun pouvoir ; et, par un rapprochement assez singulier, mais très significatif, certains la situent près de l'*Alborj*, qui est également, pour les Perses, le « séjour d'immortalité ».

Près de *Luz*, il y a, dit-on, un amandier (appelé aussi *luz* en hébreu) à la base duquel est un creux par lequel on pénètre dans un souterrain[111] ; et ce souterrain conduit à la ville elle-même, qui est entièrement cachée. Le mot *Luz*, dans ses diverses

---

[109] Les renseignements que nous utilisons ici sont tirés en partie de la *Jewish Encyclopedia* (VIII, 219).

[110] *Genèse*, XXVIII, 19.

[111] Dans les traditions de certains peuples de l'Amérique du Nord, il est aussi question d'un arbre par lequel des hommes qui vivaient primitivement à l'intérieur de la terre seraient parvenus à sa surface, tandis que d'autres hommes de la même race seraient demeurés dans le monde souterrain. Il est vraisemblable que Bulwer-Lytton s'est inspiré de ces traditions dans *La Race future* (*The Coming Race*). Une nouvelle édition porte le titre : *La Race qui nous exterminera*.

acceptions, semble d'ailleurs dérivé d'une racine désignant tout ce qui est caché, couvert, enveloppé, silencieux, secret ; et il est à noter que les mots qui désignent le Ciel ont primitivement la même signification. On rapproche ordinairement *coelum* du grec *koilon*, « creux » (ce qui peut aussi avoir un rapport avec la caverne, d'autant plus que Varron indique ce rapprochement en ces termes : *a cavo coelum*) ; mais il faut remarquer aussi que la forme la plus ancienne et la plus correcte semble être *caelum*, qui rappelle de très près le mot *caelare*, « cacher ». D'autre part, en sanscrit, *Varuna* vient de la racine *var*, « couvrir » (ce qui est également le sens de la racine *kal* à laquelle se rattachent le latin *celare*, autre forme de *caelare*, et son synonyme grec *kaluptein*)[112] ; et le grec *Ouranos* n'est qu'une autre forme du même nom, *var* se changeant facilement en *ur*. Ces mots peuvent donc signifier « ce qui

---

[112] De la même racine *kal* dérivent d'autres mots latins, comme *caligo* et peut-être le composé *occultus*. D'un autre côté, il est possible que la forme *caelare* provienne originairement d'une racine différente *caed*, ayant le sens de « couper » ou « diviser » (d'où aussi *caedere*), et par suite ceux de « séparer » et « cacher » ; mais, en tout cas, les idées exprimées par ces racines sont, comme on le voit, très proches les unes des autres, ce qui a pu amener facilement l'assimilation de *caelare* et *celare*, même si ces deux formes sont étymologiquement indépendantes.

couvre[113] », « ce qui cache[114] », mais aussi « ce qui est caché », et ce dernier sens est double : c'est ce qui est caché aux sens, le domaine suprasensible ; et c'est aussi, dans les périodes d'occultation ou d'obscurcissement, la tradition qui cesse d'être manifestée extérieurement et ouvertement, le « monde céleste » devenant alors le « monde souterrain ».

Il y a encore, sous un autre rapport, un rapprochement à établir avec le Ciel : *Luz* est appelée la « cité bleue », et cette couleur, qui est celle du *saphir*[115], est la couleur céleste. Dans l'Inde, on dit que la couleur bleue de l'atmosphère est

---

[113] Le « Toit du Monde », assimilable à la « Terre céleste » ou « Terre des Vivants », a, dans les traditions de l'Asie centrale, d'étroits rapports avec le « Ciel Occidental » où règne *Avalokitêshwara*. — À propos du sens de « couvrir », il faut rappeler aussi l'expression maçonnique « être à couvert » : le plafond étoilé de la Loge représente la voûte céleste.

[114] C'est le voile d'*Isis* ou de *Neith* chez les Égyptiens, le « voile bleu » de la Mère universelle dans la tradition extrême-orientale (*Tao-te-king*, ch. VI) ; si l'on applique ce sens au ciel visible, on peut y trouver une allusion au rôle du symbolisme astronomique cachant ou « révélant » les vérités supérieures.

[115] Le saphir joue un rôle important dans le symbolisme biblique ; en particulier, il apparaît fréquemment dans les visions des prophètes.

produite par la réflexion de la lumière sur l'une des faces du *Mêru*, la face méridionale, qui regarde le *Jambu-dwîpa*, et qui est faite de saphir ; il est facile de comprendre que ceci se réfère au même symbolisme. Le *Jambu-dwîpa* n'est pas seulement l'Inde comme on le croit d'ordinaire, mais il représente en réalité tout l'ensemble du monde terrestre dans son état actuel ; et ce monde peut, en effet, être regardé comme situé tout entier au sud du *Mêru*, puisque celui-ci est identifié avec le pôle septentrional[116]. Les sept *dwîpas* (littéralement « îles » ou « continents ») émergent successivement au cours de certaines périodes cycliques, de sorte que chacun d'eux est le monde terrestre envisagé dans la période correspondante ; ils forment un lotus dont le centre est le *Mêru*, par rapport auquel ils sont orientés suivant les sept régions de

---

116
  Le Nord est appelé en sanscrit *Uttara*, c'est-à-dire la région la plus élevée ; le Sud est appelé *Dakshina*, la région de la droite, c'est-à-dire celle qu'on a à sa droite en se tournant vers l'Orient. *Uttarâyana* est la marche ascendante du Soleil vers le Nord, commençant au solstice d'hiver et se terminant au solstice d'été ; *dakshinâyana* est la marche descendante du Soleil vers le Sud, commençant au solstice d'été et se terminant au solstice d'hiver.

l'espace[117]. Il y a donc une face du *Mêru* qui est tournée vers chacun des sept *dwîpas* ; si chacune de

---

[117] Dans le symbolisme hindou (que le Bouddhisme lui-même a conservé dans la légende des « sept pas »), les sept régions de l'espace sont les quatre points cardinaux, plus le Zénith et le Nadir, et enfin le centre lui-même ; on peut remarquer que leur représentation forme une croix à trois dimensions (six directions opposées deux à deux à partir du centre). De même, dans le symbolisme kabbalistique, le « Saint Palais » ou « Palais intérieur » est au centre des six directions, qui forment avec lui le septénaire ; et « Clément d'Alexandrie dit que de Dieu, « Cœur de l'Univers », partent les étendues indéfinies qui se dirigent, l'une en haut, l'autre en bas, celle-ci à droite, celle-là à gauche, l'une en avant et l'autre en arrière ; dirigeant son regard vers ces six étendues comme vers un nombre toujours égal, il achève le monde ; il est le commencement et la fin (l'*alpha* et l'*ôméga*), en lui s'achèvent les six phases du temps, et c'est de lui qu'elles reçoivent leur extension indéfinie ; c'est là le secret du nombre 7 » (cité par P. Vulliaud, *La Kabbale juive*, t. I, pp. 215-216). Tout ceci se rapporte au développement du point primordial dans l'espace et dans le temps ; les six phases du temps, correspondant respectivement aux six directions de l'espace, sont six périodes cycliques, subdivisions d'une autre période plus générale, et parfois représentées symboliquement comme six millénaires ; elles sont aussi assimilables aux six premiers « jours » de la *Genèse*, le septième ou *Sabbath* étant la phase de retour au Principe, c'est-à-dire au centre. On a ainsi sept périodes auxquelles peut être rapportée la manifestation respective des sept *dwîpas* ; si chacune de ces périodes est un *Manvantara*, le *Kalpa* comprend deux séries septénaires complètes ; il est d'ailleurs bien entendu que le même symbolisme est applicable à différents degrés, suivant qu'on envisage des périodes cycliques plus ou moins étendues.

ces faces a l'une des couleurs de l'arc-en-ciel[118], la synthèse de ces sept couleurs est le blanc, qui est attribué partout à l'autorité spirituelle suprême[119], et qui est la couleur du *Mêru* considéré en lui-même (nous verrons qu'il est effectivement désigné comme la « montagne blanche »), tandis que les autres représentent seulement ses aspects par rapport aux différents *dwîpas*. Il semble que, pour la période de manifestation de chaque *dwîpa*, il y ait une position différente du *Mêru* ; mais, en réalité, il est immuable, puisqu'il est le centre, et c'est l'orientation du monde terrestre par rapport à lui qui est changée d'une période à l'autre.

Revenons au mot hébraïque *luz*, dont les diverses significations sont très dignes d'attention : ce mot a ordinairement le sens d'« amande » (et aussi d'« amandier », désignant par extension l'arbre aussi bien que son fruit) ou de « noyau » ; or

---

[118] Voir ce qui a été dit plus haut sur le symbolisme de l'arc-en-ciel. — Il n'y a en réalité que six couleurs, complémentaires deux à deux, et correspondant aux six directions opposées deux à deux ; la septième couleur n'est autre que le blanc lui-même, comme la septième région s'identifie avec le centre.

[119] Ce n'est donc pas sans raison que, dans la hiérarchie catholique, le Pape est vêtu de blanc.

le noyau est ce qu'il y a de plus intérieur et de plus caché, et il est entièrement fermé, d'où l'idée d'« inviolabilité »[120] (que l'on retrouve dans le nom de l'*Agarttha*). Le même mot *luz* est aussi le nom donné à une particule corporelle indestructible, représentée symboliquement comme un os très dur, et à laquelle l'âme demeurerait liée après la mort et jusqu'à la résurrection[121]. Comme le noyau contient le germe, et comme l'os contient la moelle, ce *luz* contient les éléments virtuels nécessaires à la restauration de l'être ; et cette restauration s'opérera sous l'influence de la « rosée céleste », revivifiant les ossements desséchés ; c'est à quoi fait allusion, de la façon la plus nette, cette parole de saint Paul : « Semé dans la corruption, il ressuscitera dans la gloire[122]. » Ici comme toujours, la « gloire » se rapporte à la *Shekinah*, envisagée dans le monde

---

[120] C'est pourquoi l'amandier a été pris comme symbole de la Vierge.

[121] Il est curieux de noter que cette tradition judaïque a très probablement inspiré certaines théories de Leibnitz sur l'« animal » (c'est-à-dire l'être vivant) subsistant perpétuellement avec un corps, mais « réduit en petit » après la mort.

[122] *Ire Épître aux Corinthiens*, XV, 42. — Il y a dans ces mots une application stricte de la loi d'analogie : « Ce qui est en haut est comme ce qui est en bas, mais en sens inverse. »

supérieur, et avec laquelle la « rosée céleste » a une étroite relation, ainsi qu'on a pu s'en rendre compte précédemment. Le *luz*, étant impérissable[123], est, dans l'être humain, le « noyau d'immortalité », comme le lieu qui est désigné par le même nom est le « séjour d'immortalité » : là s'arrête, dans les deux cas, le pouvoir de l'« Ange de la Mort ». C'est en quelque sorte l'œuf ou l'embryon de l'Immortel[124] ; il peut être comparé aussi à la chrysalide d'où doit sortir le papillon[125], comparaison qui traduit exactement son rôle par rapport à la résurrection.

On situe le *luz* vers l'extrémité inférieure de la colonne vertébrale ; ceci peut sembler assez étrange,

---

[123] En sanscrit, le mot *akshara* signifie « indissoluble », et par suite « impérissable » ou « indestructible » ; il désigne la syllabe, élément premier et germe du langage, et il s'applique par excellence au monosyllabe *Om*, qui est dit contenir en lui-même l'essence du triple *Vêda*.

[124] On en trouve l'équivalent, sous une autre forme, dans les différentes traditions, et en particulier, avec de très importants développements, dans le Taoïsme. — À cet égard, c'est l'analogue, dans l'ordre « microcosmique », de ce qu'est l'« Œuf du Monde » dans l'ordre « macrocosmique », car il renferme les possibilités du « cycle futur » (la *vita venturi sæculi* du *Credo* catholique).

[125] On peut se reporter ici au symbolisme grec de *Psyché*, qui repose en grande partie sur cette similitude (voir *Psyché*, par F. Pron).

mais s'éclaire par un rapprochement avec ce que la tradition hindoue dit de la force appelée *Kundalinî*[126], qui est une forme de la *Shakti* considérée comme immanente à l'être humain[127]. Cette force est représentée sous la figure d'un serpent enroulé sur lui-même, dans une région de l'organisme subtil correspondant précisément aussi à l'extrémité inférieure de la colonne vertébrale ; il en est du moins ainsi chez l'homme ordinaire ; mais, par l'effet de pratiques telles que celles du *Hatha-Yoga*, elle s'éveille, se déploie et s'élève à travers les « roues » (*chakras*) ou » lotus » (*kamalas*) qui répondent aux divers plexus, pour atteindre la région correspondant au « troisième œil », c'est-à-dire à l'œil frontal de *Shiva*. Ce stade représente la restitution de l'« état primordial », où l'homme recouvre le « sens de l'éternité » et, par là, obtient ce que nous avons appelé ailleurs l'immortalité virtuelle. Jusque-là, nous sommes

---

[126] Le mot *kundalî* (au féminin *kundalinî*) signifie enroulé en forme d'anneau ou de spirale ; cet enroulement symbolise l'état embryonnaire et « non développé ».

[127] À cet égard, et sous un certain rapport, sa demeure est aussi identifiée à la cavité du cœur ; nous avons déjà fait allusion à une relation existant entre la *Shakti* hindoue et la *Shekinah* hébraïque.

encore dans l'état humain ; dans une phase ultérieure, *Kundalinî* atteint finalement la couronne de la tête[128], et cette dernière phase se rapporte à la conquête effective des états supérieurs de l'être. Ce qui semble résulter de ce rapprochement, c'est que la localisation du *luz* dans la partie inférieure de l'organisme se réfère seulement à la condition de l'« homme déchu » ; et, pour l'humanité terrestre envisagée dans son ensemble, il en est de même de la localisation du centre spirituel suprême dans le « monde souterrain »[129].

---

[128] C'est le *Brahma-randhra* ou orifice de *Brahma*, point de contact de la *sushumnâ* ou « artère coronale » avec le « rayon solaire » ; nous avons exposé complètement ce symbolisme dans *L'Homme et son devenir selon le Vêdânta*.

[129] Tout ceci a un rapport des plus étroits avec la signification réelle de cette phrase hermétique bien connue : « Visita inferiora terræ, rectificando invenies occultum lapidem, veram medicinam », qui donne par acrostiche le mot *Vitriolum*. La « pierre philosophale » est en même temps, sous un autre aspect, la « vraie médecine », c'est-à-dire l'« élixir de longue vie », qui n'est pas autre chose que le « breuvage d'immortalité ». — On écrit parfois *interiora* au lieu d'*inferiora*, mais le sens général n'en est pas modifié, et il y a toujours la même allusion manifeste au « monde souterrain ».

Chapitre VIII

LE CENTRE SUPRÊME CACHÉ PENDANT LE « KALI-YUGA »

L'*Agarttha*, dit-on en effet, ne fut pas toujours souterraine, et elle ne le demeurera pas toujours ; il viendra un temps où, suivant les paroles rapportées par M. Ossendowski, « les peuples d'*Agharti* sortiront de leurs cavernes et apparaîtront sur la surface de la terre[130] ». Avant sa disparition du monde visible, ce centre portait un autre nom, car celui d'*Agarttha*, qui signifie « insaisissable » ou « inaccessible » (et aussi « inviolable », car c'est le « séjour de la Paix », *Salem*), ne lui aurait pas convenu alors ; M. Ossendowski précise qu'il est devenu souterrain « il

---

[130] Ces mots sont ceux par lesquels se termine une prophétie que le « Roi du Monde » aurait faite en 1890, lorsqu'il apparut au monastère de Narabanchi.

Le Roi du Monde

y a plus de six mille ans », et il se trouve que cette date correspond, avec une approximation très suffisante, au début du *Kali-Yuga* ou « âge noir », l'« âge de fer » des anciens Occidentaux, la dernière des quatre périodes en lesquelles se divise le *Manvantara*[131] ; sa réapparition doit coïncider avec la fin de la même période.

Nous avons parlé plus haut des allusions faites par toutes les traditions à quelque chose qui est perdu ou caché, et que l'on représente sous des symboles divers ; ceci, quand on le prend dans son sens général, celui qui concerne tout l'ensemble de l'humanité terrestre, se rapporte précisément aux conditions du *Kali-Yuga*. La période actuelle est donc une période d'obscurcissement et de

---

[131] Le *Manvantara* ou ère d'un *Manu*, appelé aussi *Mahâ-Yuga*, comprend quatre *Yugas* ou périodes secondaires : *Krita-Yuga* (ou *Satya-Yuga*), *Trêtâ-Yuga*, *Dwâpara-Yuga* et *Kali-Yuga*, qui s'identifient respectivement à l'« âge d'or », à l'« âge d'argent », à l'« âge d'airain » et à l'« âge de fer » de l'antiquité gréco-latine. Il y a, dans la succession de ces périodes, une sorte de matérialisation progressive, résultant de l'éloignement du Principe qui accompagne nécessairement le développement de la manifestation cyclique, dans le monde corporel, à partir de l'« état primordial ».

confusion[132] ; ses conditions sont telles que, tant qu'elles persisteront, la connaissance initiatique doit nécessairement demeurer cachée, d'où le caractère des « Mystères » de l'antiquité dite « historique » (qui ne remonte pas même jusqu'au début de cette période)[133] et des organisations secrètes de tous les peuples : organisations donnant une initiation effective là où subsiste encore une véritable doctrine traditionnelle, mais qui n'en offrent plus que l'ombre quand l'esprit de cette doctrine a cessé de vivifier les symboles qui n'en sont que la représentation extérieure, et cela parce

---

[132] Le début de cet âge est représenté notamment, dans le symbolisme biblique, par la Tour de Babel et la « confusion des langues ». On pourrait penser assez logiquement que la chute et le déluge correspondent à la fin des deux premiers âges ; mais, en réalité, le point de départ de la tradition hébraïque ne coïncide pas avec le commencement du *Manvantara*. Il ne faut pas oublier que les lois cycliques sont applicables à des degrés différents, pour des périodes qui n'ont pas la même étendue, et qui parfois empiètent les unes sur les autres, d'où des complications qui, au premier abord, peuvent sembler inextricables, et qu'il n'est effectivement possible de résoudre que par la considération de l'ordre de subordination hiérarchique des centres traditionnels correspondants.

[133] Il ne semble pas qu'on ait jamais remarqué comme il convient l'impossibilité presque générale où se trouvent les historiens d'établir une chronologie certaine pour tout ce qui est antérieur au VIe siècle avant l'ère chrétienne.

que, pour des raisons diverses, tout lien conscient avec le centre spirituel du monde a fini par être rompu, ce qui est le sens plus particulier de la perte de la tradition, celui qui concerne spécialement tel ou tel centre secondaire, cessant d'être en relation directe et effective avec le centre suprême.

On doit donc, comme nous le disions déjà précédemment, parler de quelque chose qui est caché plutôt que véritablement perdu, puisqu'il n'est pas perdu pour tous et que certains le possèdent encore intégralement ; et, s'il en est ainsi, d'autres ont toujours la possibilité de le retrouver, pourvu qu'ils le cherchent comme il convient, c'est-à-dire que leur intention soit dirigée de telle sorte que, par les vibrations harmoniques qu'elle éveille selon la loi des « actions et réactions concordantes[134] », elle puisse les mettre en communication spirituelle effective avec le centre

---

[134] Cette expression est empruntée à la doctrine taoïste ; d'autre part, nous prenons ici le mot « intention » dans un sens qui est très exactement celui de l'arabe *niyah*, que l'on traduit habituellement ainsi, et ce sens est d'ailleurs conforme à l'étymologie latine (de *in-tendere*, tendre vers).

suprême[135]. Cette direction de l'intention a d'ailleurs, dans toutes les formes traditionnelles, sa représentation symbolique ; nous voulons parler de l'orientation rituelle : celle-ci, en effet, est proprement la direction vers un centre spirituel, qui, quel qu'il soit, est toujours une image du véritable « Centre du Monde »[136]. Mais, à mesure qu'on avance dans le *Kali-Yuga*, l'union avec ce centre, de plus en plus fermé et caché, devient plus difficile, en même temps que deviennent plus rares les centres secondaires qui le représentent extérieurement[137] ; et pourtant, quand finira cette période, la tradition devra être manifestée de

---

[135] Ce que nous venons de dire permet d'interpréter dans un sens très précis ces paroles de l'Évangile : « Cherchez et vous trouverez ; demandez et vous recevrez ; frappez et il vous sera ouvert. » — On devra naturellement se reporter ici aux indications que nous avons déjà données à propos de l'« intention droite » et de la « bonne volonté » ; et on pourra sans peine compléter par là l'explication de cette formule : *Pax in terra hominibus bonæ voluntatis*.

[136] Dans l'Islam, cette orientation (*qiblah*) est comme la matérialisation, si l'on peut s'exprimer ainsi, de l'intention (*niyah*). L'orientation des églises chrétiennes est un autre cas particulier qui se rapporte essentiellement à la même idée.

[137] Il ne s'agit, bien entendu, que d'une extériorité relative, puisque ces centres secondaires sont eux-mêmes plus ou moins strictement fermés depuis le début du *Kali-Yuga*.

nouveau dans son intégralité, puisque le commencement de chaque *Manvantara*, coïncidant avec la fin du précédent, implique nécessairement, pour l'humanité terrestre, le retour à l'« état primordial »[138].

En Europe, tout lien établi consciemment avec le centre par le moyen d'organisations régulières est actuellement rompu, et il en est ainsi depuis déjà plusieurs siècles ; d'ailleurs, cette rupture ne s'est pas accomplie d'un seul coup, mais en plusieurs phases successives[139]. La première de ces phases remonte au début du XIVe siècle ; ce que nous avons déjà dit ailleurs des Ordres de chevalerie peut faire comprendre qu'un de leurs rôles principaux était d'assurer une communication entre l'Orient et l'Occident, communication dont il est possible de saisir la véritable portée si l'on remarque que le centre dont nous parlons ici a toujours été décrit,

---

[138] C'est la manifestation de la Jérusalem céleste, qui est, par rapport au cycle qui finit, la même chose que le Paradis terrestre par rapport au cycle qui commence, ainsi que nous l'avons expliqué dans *L'Ésotérisme de Dante*.

[139] De même, à un autre point de vue plus étendu, il y a pour l'humanité des degrés dans l'éloignement du centre primordial, et c'est à ces degrés que correspond la distinction des différents *Yugas*.

au moins en ce qui concerne les temps « historiques », comme situé du côté de l'Orient. Cependant, après la destruction de l'Ordre du Temple, le Rosicrucianisme, ou ce à quoi l'on devait donner ce nom par la suite, continua à assurer la même liaison, quoique d'une façon plus dissimulée[140]. La Renaissance et la Réforme marquèrent une nouvelle phase critique, et enfin, d'après ce que semble indiquer Saint-Yves, la rupture complète aurait coïncidé avec les traités de Westphalie qui, en 1648, terminèrent la guerre de Trente Ans. Or il est remarquable que plusieurs auteurs aient affirmé précisément que, peu après la guerre de Trente Ans, les vrais Rose-Croix ont quitté l'Europe pour se retirer en Asie ; et nous rappellerons, à ce propos, que les Adeptes rosicruciens étaient au nombre de douze, comme les membres du cercle le plus intérieur de l'*Agarttha*, et conformément à la constitution commune à tant de centres spirituels formés à l'image de ce centre suprême.

---

140   Sur ce point encore, nous sommes obligé de renvoyer à notre étude sur *L'Esotérisme de Dante*, où nous avons donné toutes les indications permettant de justifier cette assertion.

À partir de cette dernière époque, le dépôt de la connaissance initiatique effective n'est plus gardé réellement par aucune organisation occidentale ; aussi Swedenborg déclare-t-il que c'est désormais parmi les Sages du Thibet et de la Tartarie qu'il faut chercher la « Parole perdue » ; et, de son côté, Anne Catherine Emmerich a la vision d'un lieu mystérieux qu'elle appelle la « Montagne des Prophètes », et qu'elle situe dans les mêmes régions. Ajoutons que c'est des informations fragmentaires que Mme Blavatsky put recueillir sur ce sujet, sans d'ailleurs en comprendre vraiment la signification, que naquit chez elle l'idée de la « Grande Loge Blanche », que nous pourrions appeler, non plus une image, mais tout simplement une caricature ou une parodie imaginaire de l'*Agarttha*[141].

---

[141] Ceux qui comprendront les considérations que nous exposons ici verront par là même pourquoi il nous est impossible de prendre au sérieux les multiples organisations pseudo-initiatiques qui ont vu le jour dans l'Occident contemporain : il n'en est aucune qui, soumise à un examen quelque peu rigoureux, puisse fournir la moindre preuve de « régularité ».

Chapitre IX

L'« OMPHALOS » ET LES BÉTYLES

D'après ce que rapporte M. Ossendowski, le « Roi du Monde » apparut jadis plusieurs fois, dans l'Inde et au Siam, « bénissant le peuple avec une pomme d'or surmontée d'un agneau » ; et ce détail prend toute son importance lorsqu'on le rapproche de ce que Saint-Yves dit du « Cycle de l'Agneau et du Bélier[142] ». D'un autre côté, et ceci est encore plus

---

[142] Nous rappellerons ici l'allusion que nous avons déjà faite ailleurs au rapport qui existe entre l'*Agni* vêdique et le symbole de l'Agneau (*L'Ésotérisme de Dante*, éd. 1957, pp. 69-70 ; *L'Homme et son devenir selon le Vêdânta*, p. 43) ; le bélier représente, dans l'Inde, le véhicule d'*Agni*. — D'autre part, M. Ossendowski indique à plusieurs reprises que le culte de *Râma* existe toujours en Mongolie ; il y a donc là autre chose que du Bouddhisme, contrairement à ce que prétendent la plupart des orientalistes. On nous a communiqué d'un autre côté, sur les souvenirs du « Cycle de Ram » qui subsisteraient encore actuellement au Cambodge, des renseignements qui nous ont paru si

remarquable, il existe dans la symbolique chrétienne d'innombrables représentations de l'Agneau sur une montagne d'où descendent quatre fleuves, qui sont évidemment identiques aux quatre fleuves du Paradis terrestre[143]. Or nous avons dit que l'*Agarttha*, antérieurement au début du *Kali-Yuga*, portait un autre nom, et ce nom était celui de *Paradêsha*, qui, en sanscrit, signifie « contrée suprême », ce qui s'applique bien au centre spirituel par excellence, désigné aussi comme le « Cœur du Monde » ; c'est de ce mot que les Chaldéens ont fait *Pardes* et les Occidentaux *Paradis*. Tel est le sens originel de ce dernier mot, et ceci doit achever de faire comprendre pourquoi nous disions précédemment que ce dont il s'agit est toujours, sous une forme ou sous une autre, la même chose que le *Pardes* de la Kabbale hébraïque.

D'autre part, en se reportant à ce que nous avons expliqué sur le symbolisme du « Pôle », il est

---

extraordinaires que nous avons préféré ne pas en faire état ; nous ne mentionnons donc ce fait que pour mémoire.

[143] Signalons aussi les représentations de l'Agneau sur le livre scellé de sept sceaux dont il est parlé dans l'*Apocalypse* ; le Lamaïsme thibétain possède également sept sceaux mystérieux, et nous ne pensons pas que ce rapprochement soit purement accidentel.

facile de voir aussi que la montagne du Paradis terrestre est identique à la « montagne polaire » dont il est question, sous des noms divers, dans presque toutes les traditions : nous avons déjà mentionné le *Mêru* des Hindous et l'*Alborj* des Perses, ainsi que le *Mont-salvat* de la légende occidentale du *Graal* ; nous citerons aussi la montagne de *Qâf* des Arabes[144], et même l'*Olympe* des Grecs, qui, à bien des égards, a la même signification. Il s'agit toujours d'une région qui, comme le Paradis terrestre, est devenue inaccessible à l'humanité ordinaire, et qui est située hors de l'atteinte de tous les cataclysmes qui bouleversent le monde humain à la fin de certaines périodes cycliques. Cette région est véritablement la « contrée suprême » ; du reste, d'après certains textes védiques et avestiques, sa situation aurait été primitivement polaire, même au sens littéral de ce mot ; et, quoi qu'il en puisse être de sa localisation à travers les différentes phases de l'histoire de l'humanité terrestre, elle demeure toujours polaire

---

[144] Il est dit de la montagne de *Qâf* qu'on ne peut l'atteindre « ni par terre ni par mer » (*lâ bil-barr wa lâ bil-bahr* ; cf. ce qui a été dit plus haut de *Montsalvat*), et elle a parmi ses autres désignations celle de « Montagne des Saints » (*Jabal el-Awliyâ*), qui est à rapprocher de la « Montagne des Prophètes » d'Anne-Catherine Emmerich.

au sens symbolique, puisqu'elle représente essentiellement l'axe fixe autour duquel s'accomplit la révolution de toutes choses.

La montagne figure naturellement le « Centre du Monde » avant le *Kali-Yuga*, c'est-à-dire alors qu'il existait en quelque sorte ouvertement et n'était pas encore souterrain ; elle correspond donc à ce qu'on pourrait appeler sa situation normale, en dehors de la période obscure dont les conditions spéciales impliquent une sorte de renversement de l'ordre établi. Il faut d'ailleurs ajouter que, à part ces considérations se référant aux lois cycliques, les symboles de la montagne et de la caverne ont l'un et l'autre leur raison d'être, et qu'il y a entre eux un véritable complémentarisme[145] ; en outre, la caverne peut être envisagée comme située à l'intérieur de la montagne elle-même, ou immédiatement au-dessous de celle-ci.

---

[145] Ce complémentarisme est celui des deux triangles, disposés en sens inverse l'un de l'autre, qui forment le « sceau de Salomon » ; il est aussi comparable à celui de la lance et de la coupe, dont nous avons parlé plus haut, et de beaucoup d'autres symboles équivalents à ceux-là.

Il y a encore d'autres symboles qui, dans les traditions antiques, représentent le « Centre du Monde » ; un des plus remarquables est peut-être celui de l'*Omphalos*, que l'on retrouve également chez presque tous les peuples[146]. Le mot grec *omphalos* signifie « ombilic », mais il désigne aussi, d'une façon générale, tout ce qui est centre, et plus spécialement le moyeu d'une roue ; en sanscrit, le mot *nâbhi* a pareillement ces différentes acceptions, et il en est de même, dans les langues celtiques et germaniques, des dérivés de la même racine, qui s'y trouve sous les formes *nab* et *nav*[147]. D'autre part, en gallois, le mot *nav* ou *naf*, qui est évidemment

---

[146] W.-H. Roscher, dans un ouvrage intitulé *Omphalos*, paru en 1913, a rassemblé une quantité considérable de documents établissant ce fait pour les peuples les plus divers ; mais il a le tort de prétendre que ce symbole est lié à l'idée que se faisaient ces peuples de la forme de la terre, parce qu'il s'imagine qu'il s'agit de la croyance à un centre de la surface terrestre, au sens le plus grossièrement littéral ; cette opinion implique une méconnaissance complète de la signification profonde du symbolisme. — Nous utiliserons dans ce qui suit un certain nombre de renseignements contenus dans une étude de M. J. Loth sur *L'Omphalos chez les Celtes*, parue dans la *Revue des Études anciennes* (juillet-septembre 1915).

[147] En allemand, *nabe*, moyeu, et *nabel*, ombilic ; de même, en anglais, *nave* et *navel*, ce dernier mot ayant aussi le sens général de centre ou de milieu. — Le grec *omphalos* et le latin *umbilicus* proviennent d'ailleurs d'une simple modification de la même racine.

identique à ces derniers, a le sens de « chef » et s'applique même à Dieu ; c'est donc l'idée du Principe central qui est ici exprimée[148]. Le sens de « moyeu » a d'ailleurs, à cet égard, une importance toute particulière, parce que la roue est partout un symbole du Monde accomplissant sa rotation autour d'un point fixe, symbole qui doit donc être rapproché de celui du *swastika* ; mais, dans celui-ci, la circonférence qui représente la manifestation n'est pas tracée, de sorte que c'est le centre lui-même qui est désigné directement : le *swastika* n'est pas une figure du Monde, mais bien de l'action du Principe à l'égard du Monde.

Le symbole de l'*Omphalos* pouvait être placé en un lieu qui était simplement le centre d'une région déterminée, centre spirituel, d'ailleurs, bien plutôt que centre géographique, quoique les deux aient pu coïncider en certains cas ; mais, s'il en était ainsi, c'est que ce point était véritablement, pour le peuple habitant la région considérée, l'image visible du « Centre du Monde », de même que la tradition

---

[148] *Agni*, dans le *Rig-Vêda*, est appelé « nombril de la Terre », ce qui se rattache encore à la même idée ; le *swastika* est souvent, comme nous l'avons déjà dit, un symbole d'*Agni*.

propre à ce peuple n'était qu'une adaptation de la tradition primordiale sous la forme qui convenait le mieux à sa mentalité et à ses conditions d'existence. On connaît surtout, d'ordinaire, l'*Omphalos* du temple de Delphes ; ce temple était bien réellement le centre spirituel de la Grèce antique[149], et, sans insister sur toutes les raisons qui pourraient justifier cette assertion, nous ferons seulement remarquer que c'est là que s'assemblait, deux fois par an, le conseil des Amphictyons, composé des représentants de tous les peuples helléniques, et qui formait d'ailleurs le seul lien effectif entre ces peuples, lien dont la force résidait précisément dans son caractère essentiellement traditionnel.

La représentation matérielle de l'*Omphalos* était généralement une pierre sacrée, ce qu'on appelle souvent un « bétyle » ; et ce dernier mot semble n'être pas autre chose que l'hébreu *Beith-El*, « maison de Dieu », le nom même que Jacob donna au lieu où le Seigneur s'était manifesté à lui dans un songe : « Et Jacob s'éveilla de son sommeil et dit :

---

[149] Il y avait en Grèce d'autres centres spirituels, mais plus particulièrement réservés à l'initiation aux Mystères, comme Éleusis et Samothrace, tandis que Delphes avait un rôle social concernant directement tout l'ensemble de la collectivité hellénique.

Sûrement le Seigneur est en ce lieu, et je ne le savais pas. Et il fut effrayé et dit : Que ce lieu est redoutable ! c'est la maison de Dieu et la porte des Cieux. Et Jacob se leva tôt le matin, et il prit la pierre dont il avait fait son chevet, la dressa comme un pilier, et versa de l'huile sur son sommet (pour la consacrer). Et il donna à ce lieu le nom de *Beith-El* ; mais le premier nom de cette ville était *Luz*[150]. » Nous avons expliqué plus haut la signification de ce mot *Luz* ; d'autre part il est dit aussi que *Beith-El*, « maison de Dieu » devint par la suite *Beith-Lehem*, « maison du pain », la ville où naquit le Christ[151] ; la relation symbolique qui existe entre la pierre et le pain serait d'ailleurs très digne d'attention[152]. Ce

---

[150] *Genèse*, XXVIII, 16-19.

[151] On remarquera d'ailleurs la similitude phonétique de *Beith-Lehem* avec la forme *Beith-Elohim*, qui figure aussi dans le texte de la *Genèse*.

[152] « Et le tentateur, s'approchant, dit à Jésus : Si tu es le fils de Dieu, commande que ces pierres deviennent des pains » (*St Matthieu*, IV, 3 ; cf. *St Luc*, IV, 3). Ces paroles ont un sens mystérieux, en rapport avec ce que nous indiquons ici : le Christ devait bien accomplir une semblable transformation, mais spirituellement, et non matériellement comme le demandait le tentateur ; or l'ordre spirituel est analogue à l'ordre matériel, mais en sens inverse, et la marque du démon est de prendre toutes choses à rebours. C'est le Christ lui-même qui, comme manifestation du Verbe, est « le pain vivant

qu'il faut remarquer encore, c'est que le nom de *Beith-El* ne s'applique pas seulement au lieu, mais à la pierre elle-même : « Et cette pierre, que j'ai dressée comme un pilier, sera la maison de Dieu[153]. » C'est donc cette pierre qui doit être proprement l'« habitacle divin » (*mishkan*), suivant la désignation qui sera donnée plus tard au Tabernacle, c'est-à-dire le siège de la *Shekinah* ; tout ceci se rattache naturellement à la question des « influences spirituelles » (*berakoth*), et, quand on parle du « culte des pierres », qui fut commun à tant de peuples anciens, il faut bien comprendre que ce culte ne s'adressait pas aux pierres, mais à la Divinité dont elles étaient la résidence.

La pierre représentant l'*Omphalos* pouvait avoir la forme d'un pilier, comme la pierre de Jacob ; il est très probable que, chez les peuples celtiques,

---

descendu du Ciel », d'où la réponse : « L'homme ne vit pas seulement de pain, mais de toute parole qui sort de la bouche de Dieu » ; c'est ce pain qui devait, dans la « Nouvelle Alliance », être substitué à la pierre comme « maison de Dieu » ; et, ajouterons-nous encore, c'est pourquoi les oracles ont cessé. À propos de ce pain qui s'identifie à la « chair » du Verbe manifesté, il peut être intéressant de signaler encore que le mot arabe *lahm*, qui est le même que l'hébreu *lehem*, a précisément la signification de « chair » au lieu de celle de « pain ».
[153] *Genèse*, XXVIII, 22.

certains menhirs avaient cette signification ; et les oracles étaient rendus auprès de ces pierres, comme à Delphes, ce qui s'explique aisément, dès lors qu'elles étaient considérées comme la demeure de la Divinité ; la « maison de Dieu », d'ailleurs, s'identifie tout naturellement au « Centre du Monde ». L'*Omphalos* pouvait aussi être représenté par une pierre de forme conique, comme la pierre noire de Cybèle, ou ovoïde ; le cône rappelait la montagne sacrée, symbole du « Pôle » ou de l'« Axe du Monde » ; quant à la forme ovoïde, elle se rapporte directement à un autre symbole fort important, celui de l'« Œuf du Monde »[154]. Il faut encore ajouter que, si l'*Omphalos* était représenté le plus habituellement par une pierre, il a pu l'être

---

[154] Parfois, et en particulier sur certains *omphaloi* grecs, la pierre était entourée d'un serpent ; on voit aussi ce serpent enroulé à la base ou au sommet des bornes chaldéennes, qui doivent être considérées comme de véritables « bétyles ». D'ailleurs, le symbole de la pierre, comme celui de l'arbre (autre figure de l'« Axe du Monde »), est, d'une façon générale, en étroite connexion avec celui du serpent ; et il en est de même de celui de l'œuf, notamment chez les Celtes et les Égyptiens. — Un exemple remarquable de figuration de l'*Omphalos* est le « bétyle » de Kermaria, dont la forme générale est celle d'un cône irrégulier, arrondi au sommet, et dont une des faces porte le signe du *swastika*. M. J. Loth, dans l'étude que nous avons citée plus haut, a donné des photographies de ce « bétyle », ainsi que de quelques autres pierres du même genre.

aussi parfois par un tertre, une sorte de tumulus, qui est encore une image de la montagne sacrée ; ainsi, en Chine, au centre de chaque royaume ou État féodal, on élevait autrefois un tertre en forme de pyramide quadrangulaire, formé de la terre des « cinq régions » : les quatre faces correspondaient aux quatre points cardinaux, et le sommet au centre lui-même[155]. Chose singulière, nous allons retrouver ces « cinq régions » en Irlande, où la « pierre debout du chef » était, d'une façon semblable, élevée au centre de chaque domaine[156].

C'est l'Irlande, en effet, qui, parmi les pays celtiques, fournit le plus grand nombre de données relatives à l'*Omphalos* ; elle était autrefois divisée en cinq royaumes, dont l'un portait le nom de *Mide* (resté sous la forme anglicisée *Meath*), qui est l'ancien mot celtique *medion*, « milieu », identique au latin *médius*[157]. Ce royaume de *Mide*, qui avait été formé de portions prélevées sur les territoires

---

[155] Le nombre 5 a, dans la tradition chinoise, une importance symbolique toute particulière.
[156] *Brehon Laws*, citées par J. Loth.
[157] On remarquera que la Chine est aussi désignée sous le nom d'« Empire du Milieu ».

des quatre autres, était devenu l'apanage propre du roi suprême d'Irlande, auquel les autres rois étaient subordonnés[158]. À Ushnagh, qui représente assez exactement le centre du pays, était dressée une pierre gigantesque appelée « nombril de la Terre », et désignée aussi sous le nom de « pierre des portions » (*ailna-meeran*), parce qu'elle marquait l'endroit où convergeaient, à l'intérieur du royaume de *Mide*, les lignes séparatives des quatre royaumes primitifs. Il s'y tenait annuellement, le premier mai, une assemblée générale tout à fait comparable à la réunion annuelle des Druides dans le « lieu consacré central » (*medio-lanon* ou *medio-nemeton*) de la Gaule, au pays des Carnutes ; et le rapprochement avec l'assemblée des Amphictyons à Delphes s'impose également.

Cette division de l'Irlande en quatre royaumes, plus la région centrale qui était la résidence du chef suprême, se rattache à des traditions extrêmement anciennes. En effet, l'Irlande fut, pour cette raison,

---

[158] La capitale du royaume de *Mide* était *Tara* ; or, en sanscrit, le mot *Târâ* signifie « étoile » et désigne plus particulièrement l'étoile polaire.

appelée l'« île des quatre Maîtres[159] », mais cette dénomination, de même d'ailleurs que celle d'« île verte » (*Erin*), s'appliquait antérieurement à une autre terre beaucoup plus septentrionale, aujourd'hui inconnue, disparue peut-être, *Ogygie* ou plutôt *Thulé*, qui fut un des principaux centres spirituels, sinon même le centre suprême d'une certaine période. Le souvenir de cette « île des quatre Maîtres » se retrouve jusque dans la tradition chinoise, ce qui semble n'avoir jamais été remarqué ; voici un texte taoïste qui en fait foi : « L'empereur Yao se donna beaucoup de peine, et s'imagina avoir régné idéalement bien. Après qu'il eut visité les quatre Maîtres, dans la lointaine île de *Kou-chee* (habitée par des « hommes véritables », *tchenn-jen*, c'est-à-dire des hommes réintégrés dans l'« état primordial »), il reconnut qu'il avait tout gâté. L'idéal, c'est l'indifférence (ou plutôt le détachement, dans l'activité « non agissante ») du

---

[159] Le nom de saint Patrice, qu'on ne connaît d'ordinaire que sous sa forme latinisée, était originairement *Cothraige*, qui signifie « le serviteur des quatre ».

surhomme[160], qui laisse tourner la roue cosmique[161]. » D'autre part, les « quatre Maîtres » s'identifient aux quatre *Mahârâjas* ou « grands rois » qui, suivant les traditions de l'Inde et du Thibet, président aux quatre points cardinaux[162] ; ils correspondent en même temps aux éléments : le Maître suprême, le cinquième, qui réside au centre, sur la montagne sacrée, représente alors l'Éther (*Âkâsha*), la « quintessence » (*quinta essentia*) des hermétistes, l'élément primordial dont procèdent les quatre autres[163] ; et des traditions analogues se trouvent aussi dans l'Amérique centrale.

---

[160] L'« homme véritable », étant placé au centre, ne participe plus au mouvement des choses, mais, en réalité, il dirige ce mouvement par sa seule présence, parce qu'en lui se reflète l'« Activité du Ciel ».

[161] *Tchoang-tseu*, ch. Ier ; traduction du P. L. Wieger, p. 213. — L'empereur Yao régnait, dit-on, en l'an 2356 avant l'ère chrétienne.

[162] On pourrait aussi faire ici un rapprochement avec les quatre *Awtâd* de l'ésotérisme islamique.

[163] Dans les figures cruciales, telles que le *swastika*, cet élément primordial est également représenté par le point central, qui est le Pôle ; les quatre autres éléments, aussi bien que les quatre points cardinaux, correspondent aux quatre branches de la croix, symbolisant d'ailleurs le quaternaire dans toutes ses applications.

Chapitre X

NOMS ET REPRÉSENTATIONS SYMBOLIQUES DES CENTRES SPIRITUELS

Nous pourrions citer encore, en ce qui concerne la « contrée suprême », bien d'autres traditions concordantes ; il est notamment, pour la désigner, un autre nom, probablement plus ancien encore que celui de *Paradêsha* : ce nom est celui de *Tula*, dont les Grecs firent *Thulé* ; et, comme nous venons de le voir, cette *Thulé* était vraisemblablement identique à la primitive « île des quatre Maîtres ». Il faut observer, d'ailleurs, que le même nom de *Tula* a été donné à des régions très diverses, puisque, aujourd'hui encore, on le retrouve aussi bien en Russie que dans l'Amérique centrale ; sans doute doit-on penser que chacune de ces régions fut, à une époque plus ou moins lointaine, le siège d'un pouvoir spirituel qui était comme une émanation de celui de la *Tula* primordiale. On sait que la *Tula* mexicaine doit son origine aux Toltèques ; ceux-ci, dit-on, venaient d'*Aztlan*, « la terre au milieu des eaux », qui, évidemment, n'est autre que l'Atlantide, et ils avaient apporté ce nom de *Tula* de leur pays d'origine ; le centre auquel ils le donnèrent dut probablement remplacer, dans une certaine mesure, celui du continent disparu[164]. Mais, d'autre part, il faut distinguer la *Tula* atlante de la *Tula* hyperboréenne, et c'est cette dernière qui, en réalité, représente le centre premier et suprême pour l'ensemble du *Manvantara* actuel ; c'est elle qui fut l'« île sacrée » par excellence, et, ainsi que nous le disions plus haut, sa situation était littéralement polaire à l'origine. Toutes les autres « îles sacrées », qui sont désignées partout par des noms de signification identique, ne furent que des images de celle-là ; et ceci s'applique même au centre spirituel de la tradition atlante, qui ne régit qu'un cycle

---

[164] Le signe idéographique d'*Aztlan* ou de *Tula* était le héron blanc ; le héron et la cigogne jouent en Occident le même rôle que l'ibis en Orient, et ces trois oiseaux figurent parmi les emblèmes du Christ ; l'ibis était, chez les Égyptiens, un des symboles de *Thoth*, c'est-à-dire de la Sagesse.

historique secondaire, subordonné au *Manvantara*[165].

Le mot *Tulâ*, en sanscrit, signifie « balance », et il désigne en particulier le signe zodiacal de ce nom ; mais, d'après une tradition chinoise, la Balance céleste a été primitivement la Grande Ourse[166]. Cette remarque est de la plus grande importance, car le symbolisme qui se rattache à la Grande Ourse est naturellement lié de la façon la plus étroite à celui du Pôle[167] ; nous ne pouvons nous étendre ici

---

[165] Une grande difficulté, pour déterminer d'une façon précise le point de jonction de la tradition atlante avec la tradition hyperboréenne, provient de certaines substitutions de noms qui peuvent donner lieu à de multiples confusions ; mais la question, malgré tout, n'est peut-être pas entièrement insoluble.

[166] La Grande Ourse aurait même été appelée « Balance de jade », le jade étant un symbole de perfection. Chez d'autres peuples, la Grande Ourse et la Petite Ourse ont été assimilées aux deux plateaux d'une balance. — Cette balance symbolique n'est pas sans rapport avec celle dont il est question dans le *Siphra di-Tseniutha* (le « Livre du Mystère », section du *Zohar*) : celle-ci est « suspendue dans un lieu qui n'est pas », c'est-à-dire dans le « non-manifesté », que le point polaire représente pour notre monde ; on peut d'ailleurs dire que c'est sur le Pôle que repose effectivement l'équilibre de ce monde.

[167] La Grande Ourse est, dans l'Inde, le *sapta-riksha*, c'est-à-dire la demeure symbolique des sept *Rishis* ; ceci est naturellement conforme à la tradition hyperboréenne, tandis que, dans la tradition

Le Roi du Monde

sur cette question, qui demanderait à être traitée dans une étude particulière[168]. Il y aurait lieu d'examiner aussi le rapport qui peut exister entre la Balance polaire et la Balance zodiacale ; celle-ci est d'ailleurs regardée comme le « signe du Jugement », et ce que nous avons dit précédemment de la balance comme attribut de la Justice, à propos de *Melki-Tsedeq*, peut faire comprendre que son nom ait été la désignation du centre spirituel suprême.

Tula est encore appelée l'« île blanche », et nous avons dit que cette couleur est celle qui représente l'autorité spirituelle ; dans les traditions américaines, *Aztlan* a pour symbole une montagne blanche, mais cette figuration s'appliquait tout d'abord à la *Tula* hyperboréenne et à la « montagne polaire ». Dans l'Inde, l'« île blanche » (*Shwêta-dwîpa*), qu'on place généralement dans les régions

---

atlante, la Grande Ourse est remplacée dans ce rôle par les Pléiades, qui sont également formées de sept étoiles ; on sait d'ailleurs que, pour les Grecs, les Pléiades étaient filles d'*Atlas* et, comme telles, appelées aussi *Atlantides*.

[168] Il est curieux de noter aussi, en connexion avec ce que nous avons dit plus haut de l'assimilation phonétique entre *Mêru* et *mêros*, que, chez les anciens Égyptiens, la Grande Ourse était appelée la constellation de la Cuisse.

lointaines du Nord[169], est regardée comme le « séjour des Bienheureux », ce qui l'identifie clairement à la « Terre des Vivants »[170]. Il y a cependant une exception apparente : les traditions celtiques parlent surtout de l'« île verte » comme étant l'« île des Saints » ou « île des Bienheureux »[171] ; mais au centre de cette île s'élève la « montagne blanche », qui n'est, dit-on, submergée par aucun déluge[172], et dont le sommet est lui-même

---

[169] Le *Shwêta-dwîpa* est une des dix-huit subdivisions du *Jambudwîpa*.

[170] Ceci rappelle également les « Îles Fortunées » de l'antiquité occidentale ; mais ces îles étaient situées à l'Ouest (le « jardin des Hespérides » : *hesper* en grec, *vesper* en latin, sont le soir, c'est-à-dire l'Occident), ce qui indique une tradition d'origine atlante, et ce qui peut aussi, d'autre part, faire penser au « Ciel Occidental » de la tradition thibétaine.

[171] Le nom d'« île des Saints » a été appliqué ultérieurement à l'Irlande, comme celui d'« île verte », et même à l'Angleterre. — Signalons également le nom de l'île d'*Héligoland*, qui a la même signification.

[172] Nous avons déjà signalé les traditions similaires concernant le Paradis terrestre. — Dans l'ésotérisme islamique, l'« île verte » (*el-jezirah el-khadrah*) et la « montagne blanche » (*el-jabal el-abiod*) sont bien connues aussi, quoiqu'on en parle fort peu à l'extérieur.

de couleur pourpre[173]. Cette « montagne du Soleil », ainsi qu'elle est appelée également, est la même chose que le *Mêru* : celui-ci, qui est aussi la « montagne blanche », est entouré d'une ceinture verte par le fait qu'il est situé au milieu de la mer[174], et à son sommet brille le triangle de lumière.

À la désignation de centres spirituels comme l'« île blanche » (désignation qui, nous le rappelons encore, a pu s'appliquer comme les autres à des centres secondaires, et non pas uniquement au centre suprême auquel elle convenait en premier lieu), il faut rattacher les noms de lieux, contrées ou villes, qui expriment pareillement l'idée de blancheur. Il en existe un assez grand nombre, d'Albion à l'Albanie en passant par Albe la Longue, la cité mère de Rome, et les autres cités antiques qui

---

[173] On retrouve ici les trois couleurs hermétiques : vert, blanc, rouge, dont nous avons parlé dans *L'Ésotérisme de Dante*.

[174] Il est parfois question, d'autre part, d'une ceinture aux couleurs de l'arc-en-ciel, qui peut être rapprochée de l'écharpe d'*Iris* ; Saint-Yves y fait allusion dans sa *Mission de l'Inde*, et la même chose se trouve dans les visions d'Anne-Catherine Emmerich. — On se reportera à ce que nous avons dit précédemment sur le symbolisme de l'arc-en-ciel, ainsi que sur les sept *dwîpas*.

ont pu porter le même nom[175] ; chez les Grecs, le nom de la ville d'Argos a la même signification[176] ; et la raison de ces faits apparaîtra plus nettement par ce que nous dirons un peu plus loin.

Il y a encore une remarque à faire sur la représentation du centre spirituel comme une île, qui renferme d'ailleurs la « montagne sacrée », car, en même temps qu'une telle localisation a pu exister effectivement (quoique toutes les « Terres Saintes » ne soient pas des îles), elle doit avoir aussi une signification symbolique. Les faits historiques eux-

---

[175] Le latin *albus*, « blanc », est d'ailleurs à rapprocher de l'hébreu *laban*, qui a le même sens, et dont le féminin *Lebanah* sert à désigner la Lune ; en latin, *Luna* peut signifier à la fois « blanche » et « lumineuse », les deux idées étant d'ailleurs connexes.

[176] Il n'y a, entre l'adjectif *argos*, « blanc », et le nom de la ville, qu'une simple différence d'accentuation ; le nom de la ville est neutre, et ce même nom au masculin est celui d'Argus. On peut encore penser ici au navire *Argo* (qu'on dit d'ailleurs avoir été construit par Argus, et dont le mât était fait d'un chêne de la forêt de Dodone) ; dans ce dernier cas, le mot peut également signifier « rapide », la rapidité étant regardée comme un attribut de la lumière (et spécialement de l'éclair), mais le premier sens est « blancheur », et par suite « luminosité ». — Du même mot dérive encore le nom de l'argent, qui est le métal blanc et qui correspond astrologiquement à la Lune ; le latin *argentum* et le grec *arguros* ont visiblement une racine identique.

mêmes, et surtout ceux de l'histoire sacrée, traduisent en effet à leur façon des vérités d'ordre supérieur, en raison de la loi de correspondance qui est le fondement même du symbolisme, et qui unit tous les mondes dans l'harmonie totale et universelle. L'idée qu'évoque la représentation dont il s'agit est essentiellement celle de « stabilité », que nous avons précisément indiquée comme caractéristique du Pôle : l'île demeure immuable au milieu de l'agitation incessante des flots, agitation qui est une image de celle du monde extérieur ; et il faut avoir traversé la « mer des passions » pour parvenir au « Mont du Salut », au « Sanctuaire de la Paix »[177].

---

[177] « Le *Yogî*, ayant traversé la mer des passions, est uni avec la Tranquillité et possède le « Soi » dans sa plénitude », dit Shankarâchârya (*Âtmâ-Bodha*). Les passions sont prises ici pour désigner toutes les modifications contingentes et transitoires qui constituent le « courant des formes » : c'est le domaine des « eaux inférieures », suivant le symbolisme commun à toutes les tra-ditions. C'est pourquoi la conquête de la « Grande Paix » est souvent représentée sous la figure d'une navigation (et c'est une des raisons pour lesquelles la barque, dans le symbolisme catholique, représente l'Église) ; elle l'est aussi parfois sous celle d'une guerre, et la *Bhagavad-Gîtâ* peut être interprétée en ce sens, de même qu'on pourrait développer à ce point de vue la théorie de la « guerre sainte » (*jihâd*) suivant la doctrine islamique. — Ajoutons que la « marche

Chapitre XI

LOCALISATION DES CENTRES SPIRITUELS

Dans ce qui précède, nous avons à peu près entièrement laissé de côté la question de la localisation effective de la « contrée suprême », question très complexe, et d'ailleurs tout à fait secondaire au point de vue où nous avons voulu nous placer. Il semble qu'il y ait lieu d'envisager plusieurs localisations successives, correspondant à différents cycles, subdivisions d'un autre cycle plus étendu qui est le *Manvantara* ; si d'ailleurs on considérait l'ensemble de celui-ci en se mettant en quelque sorte en dehors du temps, il y aurait un ordre hiérarchique à

---

sur les eaux » symbolise la domination du monde des formes et du changement : *Vishnu* est appelé *Nârâyana*, « Celui qui marche sur les eaux » ; un rapprochement s'impose avec l'Évangile, où l'on voit précisément le Christ marcher sur les eaux.

observer entre ces localisations, correspondant à la constitution de formes traditionnelles qui ne sont en somme que des adaptations de la tradition principale et primordiale qui domine tout le *Manvantara*. D'autre part, nous rappellerons encore une fois qu'il peut aussi y avoir simultanément, outre le centre principal, plusieurs autres centres qui s'y rattachent et qui en sont comme autant d'images, ce qui est une source de confusions assez faciles à commettre, d'autant plus que ces centres secondaires, étant plus extérieurs, sont par là même plus apparents que le centre suprême[178].

Sur ce dernier point, nous avons déjà noté en particulier la similitude de Lhassa, centre du Lamaïsme, avec l'*Agarttha* ; nous ajouterons maintenant que, même en Occident, on connaît encore au moins deux villes dont la disposition topographique elle-même présente des particularités qui, à l'origine, ont eu une semblable raison d'être : Rome et Jérusalem (et nous avons vu

---

[178] Suivant l'expression que Saint-Yves emprunte au symbolisme du Tarot, le centre suprême est parmi les autres centres comme « le zéro fermé des vingt-deux arcanes ».

plus haut que cette dernière était effectivement une image visible de la mystérieuse *Salem* de *Melki-Tsedeq*). Il y avait en effet, dans l'antiquité, ainsi que nous l'avons déjà indiqué plus haut, ce qu'on pourrait appeler une géographie sacrée, ou sacerdotale, et la position des cités et des temples n'était pas arbitraire, mais déterminée d'après des lois très précises[179] ; on peut pressentir par là les liens qui unissaient l'« art sacerdotal » et l'« art royal » à l'art des constructeurs[180], ainsi que les raisons pour lesquelles les anciennes corporations étaient en possession d'une véritable tradition initiatique[181]. D'ailleurs, entre la fondation d'une ville et la constitution d'une doctrine (ou d'une nouvelle forme traditionnelle, par adaptation à des conditions définies de temps et de lieu), il y avait un rapport tel que la première était souvent prise pour

---

[179] Le *Timée* de Platon paraît contenir, sous une forme voilée, certaines allusions à la science dont il s'agit.

[180] On se rappellera ici ce que nous avons dit du titre de *Pontifex* ; d'autre part, l'expression d'« art royal » a été conservée par la Maçonnerie moderne.

[181] Chez les Romains, *Janus* était à la fois le dieu de l'initiation aux Mystères et celui des corporations d'artisans (*Collegia fabrorum*) ; il y a dans cette double attribution un fait particulièrement significatif.

symboliser la seconde[182]. Naturellement, on devait recourir à des précautions toutes spéciales lorsqu'il s'agissait de fixer l'emplacement d'une cité qui était destinée à devenir, sous un rapport ou sous un autre, la métropole de toute une partie du monde ; et les noms des villes, aussi bien que ce qu'on rapporte des circonstances de leur fondation, mériteraient d'être examinés soigneusement à ce point de vue[183].

---

[182] Nous citerons comme exemple le symbole d'Amphion bâtissant les murs de Thèbes par les sons de sa lyre ; on verra tout à l'heure ce qu'indique le nom de cette ville de Thèbes. On sait quelle importance avait la lyre dans l'Orphisme et le Pythagorisme ; il est à noter que, dans la tradition chinoise, il est souvent question d'instruments de musique qui jouent un rôle similaire, et il est évident que ce qui en est dit doit aussi être entendu symboliquement.

[183] En ce qui concerne les noms, on aura pu trouver quelques exemples dans ce qui précède, notamment pour ceux qui se rattachent à l'idée de blancheur, et nous allons encore en indiquer quelques autres. Il y aurait aussi beaucoup à dire sur les objets sacrés auxquels étaient liées, dans certains cas, la puissance et la conservation même de la cité : tel était le légendaire *Palladium* de Troie ; tels étaient aussi, à Rome, les boucliers des Saliens (que l'on disait avoir été taillés dans un aérolithe au temps de *Numa* ; le Collège des Saliens se composait de douze membres) ; ces objets étaient des supports d'« influences spirituelles », comme l'Arche d'Alliance chez les Hébreux.

Sans nous étendre sur ces considérations qui ne se rapportent qu'indirectement à notre sujet, nous dirons encore qu'un centre du genre de ceux dont nous venons de parler existait en Crète à l'époque préhellénique[184], et qu'il semble que l'Égypte en ait compté plusieurs, probablement fondés à des époques successives, comme Memphis et Thèbes[185]. Le nom de cette dernière ville, qui fut aussi celui d'une cité grecque, doit retenir plus particulièrement notre attention, comme désignation de centres spirituels, en raison de son

---

[184] Le nom de *Minos* est par lui-même une indication suffisante à cet égard, comme celui de *Ménès* en ce qui concerne l'Égypte ; nous renverrons aussi, pour Rome, à ce que nous avons dit du nom de *Numa*, et nous rappellerons la signification de celui de *Shlomoh* pour Jérusalem. — À propos de la Crète, signalons en passant l'usage du *Labyrinthe*, comme symbole caractéristique, par les constructeurs du moyen âge ; le plus curieux est que le parcours du Labyrinthe tracé sur le dallage de certaines églises était considéré comme remplaçant le pèlerinage en Terre Sainte pour ceux qui ne pouvaient l'accomplir.

[185] On a vu aussi que Delphes avait joué ce rôle pour la Grèce ; son nom évoque celui du dauphin, dont le symbolisme est très important. — Un autre nom remarquable est celui de Babylone : *Bab-Ilu* signifie « porte du Ciel », ce qui est une des qualifications appliquées par Jacob à *Luz* ; d'ailleurs, il peut avoir aussi le sens de « maison de Dieu », comme *Beith-El* ; mais il devient synonyme de « confusion » (*Babel*) quand la tradition est perdue : c'est alors le renversement du symbole, la *Janua Inferni* prenant la place de la *Janua Cœli*.

identité manifeste avec celui de la *Thebah* hébraïque, c'est-à-dire de l'Arche du déluge. Celle-ci est encore une représentation du centre suprême, considéré spécialement en tant qu'il assure la conservation de la tradition, à l'état d'enveloppement en quelque sorte[186], dans la période transitoire qui est comme l'intervalle de deux cycles et qui est marquée par un cataclysme cosmique détruisant l'état antérieur du monde pour faire place à un état nouveau[187]. Le rôle du *Noah* biblique[188] est semblable à celui que joue dans la tradition hindoue *Satya-vrata*, qui devient ensuite,

---

[186] Cet état est assimilable à celui que représente pour le début d'un cycle l'« Œuf du Monde », contenant en germe toutes les possibilités qui se développeront au cours du cycle ; l'Arche contient de même tous les éléments qui serviront à la restauration du monde, et qui sont ainsi les germes de son état futur.

[187] C'est encore une des fonctions du « Pontificat » que d'assurer le passage ou la transmission traditionnelle d'un cycle à l'autre ; la construction de l'Arche a ici le même sens que celle d'un pont symbolique, car tous deux sont également destinés à permettre le « passage des eaux », qui a d'ailleurs des significations multiples.

[188] On remarquera aussi que Noé est désigné comme ayant été le premier qui planta la vigne (*Genèse*, IX, 20), fait qui est à rapprocher de ce que nous avons dit plus haut sur la signification symbolique du vin et son rôle dans les rites initiatiques, à propos du sacrifice de Melchissédec.

sous le nom de *Vaivas-wata*, le *Manu* actuel ; mais il est à remarquer que, tandis que cette dernière tradition se rapporte ainsi au début du présent *Manvantara*, le déluge biblique marque seulement le début d'un autre cycle plus restreint, compris à l'intérieur de ce même *Manvantara*[189] : il ne s'agit pas du même événement, mais seulement de deux événements analogues entre eux[190].

Ce qui est encore très digne d'être noté ici, c'est le rapport qui existe entre le symbolisme de l'Arche et celui de l'arc-en-ciel, rapport qui est suggéré, dans le texte biblique, par l'apparition de ce dernier après le déluge, comme signe d'alliance entre Dieu et les créatures terrestres[191]. L'Arche, pendant le cataclysme, flotte sur l'Océan des eaux inférieures ; l'arc-en-ciel, au moment qui marque le rétablissement de l'ordre et la rénovation de toutes

---

[189] Une des significations historiques du déluge biblique peut être rapportée au cataclysme où disparut l'Atlantide.

[190] La même remarque s'applique naturellement à toutes les traditions diluviennes qu'on rencontre chez un très grand nombre de peuples ; il en est qui concernent des cycles encore plus particuliers, et c'est notamment le cas, chez les Grecs, des déluges de *Deucalion* et d'*Ogygès*.

[191] *Genèse*, IX, 12-17.

choses, paraît « dans la nuée », c'est-à-dire dans la région des eaux supérieures. Il s'agit donc d'une relation d'analogie au sens le plus strict de ce mot, c'est-à-dire que les deux figures sont inverses et complémentaires l'une de l'autre : la convexité de l'Arche est tournée vers le bas, celle de l'arc-en-ciel vers le haut, et leur réunion forme une figure circulaire ou cyclique complète, dont ils sont comme les deux moitiés[192]. Cette figure était en effet complète au début du cycle : elle est la coupe verticale d'une sphère dont la coupe horizontale est représentée par l'enceinte circulaire du Paradis

---

[192] Ces deux moitiés correspondent à celles de l'« Œuf du Monde » comme les « eaux supérieures » et les « eaux inférieures » elles-mêmes ; pendant la période de trouble, la moitié supérieure est devenue invisible, et c'est dans la moitié inférieure que se produit alors ce que Fabre d'Olivet appelle l'« entassement des espèces ». — Les deux figures complémentaires dont il s'agit peuvent encore, sous un certain point de vue, être assimilées à deux croissants lunaires tournés en sens inverse (l'un étant comme le reflet de l'autre et son symétrique par rapport à la ligne de séparation des eaux), ce qui se réfère au symbolisme de *Janus*, dont le navire est d'ailleurs un des emblèmes. On remarquera aussi qu'il y a une sorte d'équivalence symbolique entre le croissant, la coupe et le navire, et que le mot « vaisseau » sert à désigner à la fois ces deux derniers (le « Saint Vaissel » est une des dénominations les plus habituelles du *Graal* au moyen âge).

terrestre[193] ; et celle-ci est divisée par une croix que forment les quatre fleuves issus de la « montagne polaire »[194]. La reconstitution doit s'opérer à la fin du même cycle ; mais alors, dans la figure de la Jérusalem céleste, le cercle est remplacé par un carré[195], et ceci indique la réalisation de ce que les hermétistes désignaient symboliquement comme la « quadrature du cercle » : la sphère, qui représente

---

[193] Cette sphère est encore l'« Œuf du Monde » ; le Paradis terrestre se trouve dans le plan qui le partage en ses deux moitiés supérieure et inférieure, c'est-à-dire à la limite du Ciel et de la Terre.

[194] Les Kabbalistes font correspondre à ces quatre fleuves les quatre lettres qui forment en hébreu le mot *Pardes* ; nous avons signalé ailleurs leur rapport analogique avec les quatre fleuves des Enfers (*L'Ésotérisme de Dante*, éd. 1957, p. 63).

[195] Ce remplacement correspond à celui du symbolisme végétal par le symbolisme minéral, dont nous avons indiqué ailleurs la signification (*L'Ésotérisme de Dante*, éd. 1957, p. 67). — Les douze portes de la Jérusalem céleste correspondent naturellement aux douze signes du Zodiaque, ainsi qu'aux douze tribus d'Israël ; il s'agit donc bien d'une transformation du cycle zodiacal, consécutive à l'arrêt de la rotation du monde et à sa fixation dans un état final qui est la restauration de l'état primordial, lorsque sera achevée la manifestation successive des possibilités que contenait celui-ci.
— L'« Arbre de Vie », qui était au centre du Paradis terrestre, est également au centre de la Jérusalem céleste, et ici il porte douze fruits ; ceux-ci ne sont pas sans présenter un certain rapport avec les douze *Âdityas*, comme l'« Arbre de Vie » lui-même en a un avec *Aditi*, l'essence unique et indivisible dont ils sont issus.

le développement des possibilités par l'expansion du point primordial et central, se transforme en un cube lorsque ce développement est achevé et que l'équilibre final est atteint pour le cycle considéré[196].

---

[196] On pourrait dire que la sphère et le cube correspondent ici respectivement aux deux points de vue dynamique et statique ; les six faces du cube sont orientées suivant les trois dimensions de l'espace, comme les six branches de la croix tracée à partir du centre de la sphère. — En ce qui concerne le cube, il sera facile de faire un rapprochement avec le symbole maçonnique de la « pierre cubique », qui se rapporte également à l'idée d'achèvement et de perfection, c'est-à-dire à la réalisation de la plénitude des possibilités impliquées dans un certain état.

Chapitre XII

QUELQUES CONCLUSIONS

Du témoignage concordant de toutes les traditions, une conclusion se dégage très nettement : c'est l'affirmation qu'il existe une « Terre Sainte » par excellence, prototype de toutes les autres « Terres Saintes », centre spirituel auquel tous les autres centres sont subordonnés. La « Terre Sainte » est aussi la « Terre des Saints », la « Terre des Bienheureux », la « Terre des Vivants », la « Terre d'immortalité » ; toutes ces expressions sont équivalentes, et il faut y joindre encore celle de « Terre Pure »[197], que Platon applique précisément

---

[197] Parmi les écoles bouddhiques qui existent au Japon, il en est une, celle de *Giô-dô*, dont le nom se traduit par « Terre Pure » ; ceci rappelle, d'autre part, la dénomination islamique des « Frères de la Pureté » (*Ikhwân Eç-Çafâ*), sans parler des *Cathares* du moyen âge occidental, dont le nom signifie « purs ». Il est d'ailleurs probable que

au « séjour des Bienheureux »[198]. On situe habituellement ce séjour dans un « monde invisible » ; mais, si l'on veut comprendre ce dont il s'agit, il ne faut pas oublier qu'il en est de même des « hiérarchies spirituelles » dont parlent aussi toutes les traditions, et qui représentent en réalité des degrés d'initiation[199].

---

le mot *Sûfî*, désignant les initiés musulmans (ou plus précisément ceux qui sont parvenus au but final de l'initiation, comme les *Yogîs* dans la tradition hindoue), a exactement la même signification ; en effet, l'étymologie vulgaire, qui le fait dériver de *sûf*, « laine » (dont aurait été fait le vêtement que portaient les *Sûfîs*), est fort peu satisfaisante, et l'explication par le grec *sophos*, « sage », tout en paraissant plus acceptable, a l'inconvénient de faire appel à un terme étranger à la langue arabe ; nous pensons donc qu'il faut admettre de préférence l'interprétation qui fait venir *Sûfî* de *safâ*, « pureté ».

[198] La description symbolique de cette « Terre Pure » se trouve vers la fin du *Phédon* (traduction Mario Meunier, pp. 285-289) ; on a déjà remarqué qu'on peut établir une sorte de parallèle entre cette description et celle que fait Dante du Paradis terrestre (John Stewart, *The Myths of Plato*, pp. 101-113).

[199] D'ailleurs, les divers mondes sont proprement des états, et non pas des lieux, bien qu'ils puissent être décrits symboliquement comme tels ; le mot sanscrit *loka*, qui sert à les désigner, et qui est identique au latin *locus*, renferme en lui-même l'indication de ce symbolisme spatial. Il existe aussi un symbolisme temporel, suivant lequel ces mêmes états sont décrits sous la forme de cycles successifs, quoique le temps, aussi bien que l'espace, ne soit en réalité qu'une

Dans la période actuelle de notre cycle terrestre, c'est-à-dire dans le *Kali-Yuga*, cette « Terre Sainte », défendue par des « gardiens » qui la cachent aux regards profanes tout en assurant pourtant certaines relations extérieures, est en effet invisible, inaccessible, mais seulement pour ceux qui ne possèdent pas les qualifications requises pour y pénétrer. Maintenant, sa localisation dans une région déterminée doit-elle être regardée comme littéralement effective, ou seulement comme symbolique, ou est-elle à la fois l'un et l'autre ? À cette question, nous répondrons simplement que, pour nous, les faits géographiques eux-mêmes, et aussi les faits historiques, ont, comme tous les autres, une valeur symbolique, qui d'ailleurs, évidemment, ne leur enlève rien de leur réalité propre en tant que faits, mais qui leur confère, en outre de cette réalité immédiate, une signification supérieure[200].

---

condition propre à l'un d'entre eux, de sorte que la succession n'est ici que l'image d'un enchaînement causal.

[200] Ceci peut être comparé à la pluralité des sens selon lesquels s'interprètent les textes sacrés, et qui, loin de s'opposer ou de se détruire, se complètent et s'harmonisent au contraire dans la connaissance synthétique intégrale. — Au point de vue que nous

Nous ne prétendons pas avoir dit tout ce qu'il y aurait à dire sur le sujet auquel se rapporte la présente étude, loin de là, et les rapprochements mêmes que nous avons établis pourront assurément en suggérer beaucoup d'autres ; mais, malgré tout, nous en avons dit certainement bien plus qu'on ne l'avait fait jusqu'ici, et quelques-uns seront peut-être tentés de nous le reprocher. Cependant, nous ne pensons pas que ce soit trop, et nous sommes même persuadé qu'il n'y a là rien qui ne doive être dit, bien que nous soyons moins disposé que quiconque à contester qu'il y ait lieu d'envisager une question d'opportunité lorsqu'il s'agit d'exposer publiquement certaines choses d'un caractère quelque peu inaccoutumé. Sur cette question d'opportunité, nous pouvons nous borner à une brève observation : c'est que, dans les circonstances au milieu desquelles nous vivons présentement, les événements se déroulent avec une telle rapidité que beaucoup de choses dont les raisons n'apparaissent

---

indiquons ici, les faits historiques correspondent à un symbolisme temporel, et les faits géographiques à un symbolisme spatial ; il y a d'ailleurs entre les uns et les autres une liaison ou une corrélation nécessaire, comme entre le temps et l'espace eux-mêmes, et c'est pourquoi la localisation du centre spirituel peut être différente suivant les périodes envisagées.

pas encore immédiatement pourraient bien trouver, et plus tôt qu'on ne serait tenté de le croire, des applications assez imprévues, sinon tout à fait imprévisibles. Nous voulons nous abstenir de tout ce qui, de près ou de loin, ressemblerait à des « prophéties » ; mais nous tenons pourtant à citer ici, pour terminer, cette phrase de Joseph de Maistre[201], qui est encore plus vraie aujourd'hui qu'il y a un siècle : « Il faut nous tenir prêts pour un événement immense dans l'ordre divin, vers lequel nous marchons avec une vitesse accélérée qui doit frapper tous les observateurs. Des oracles redoutables annoncent déjà que les temps sont arrivés. »

FIN

---

[201] *Soirées de Saint-Pétersbourg*, 11ᵉ entretien. — Il est à peine besoin, pour éviter toute apparence de contradiction avec la cessation des oracles à laquelle nous faisions allusion plus haut, et que Plutarque avait déjà observée, de faire remarquer que ce mot d'« oracles » est pris par Joseph de Maistre en un sens très élargi, celui qu'on lui donne souvent dans le langage courant, et non au sens propre et précis qu'il avait dans l'antiquité.

René Guénon

Déjà parus

RENÉ GUÉNON — APERÇUS SUR L'ÉSOTÉRISME CHRÉTIEN

« Ce changement qui fit du Christianisme une religion au sens propre du mot et une forme traditionnelle... »

Les vérités d'ordre ésotérique, étaient hors de la portée du plus grand nombre...

RENÉ GUÉNON — APERÇUS SUR L'ÉSOTÉRISME ISLAMIQUE ET LE TAOÏSME

« Dans l'Islamisme, la tradition est d'essence double, religieuse et métaphysique »

On les compare souvent à l'« écorce » et au « noyau » (el-qishr wa el-lobb)

 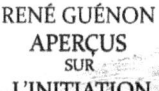 

RENÉ GUÉNON — APERÇUS SUR L'INITIATION

« Nous nous étendons souvent sur les erreurs et les confusions qui sont commises au sujet de l'initiation... »

On se rend compte du degré de dégénérescence auquel en est arrivé l'Occident moderne...

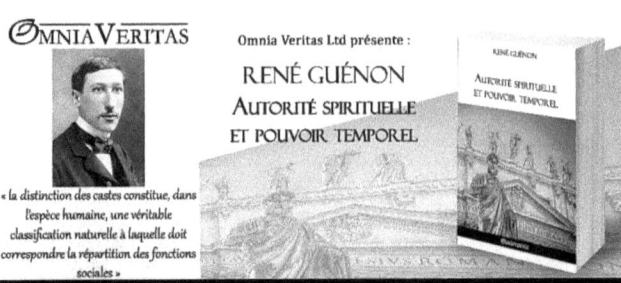

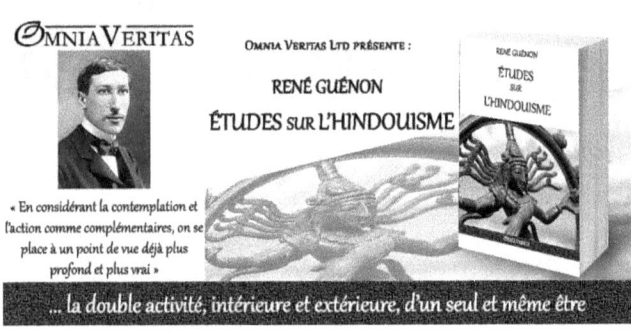

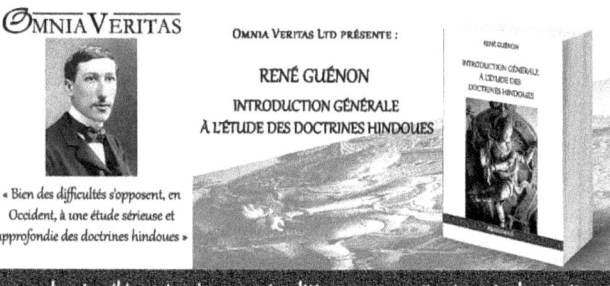

www.ingramcontent.com/pod-product-compliance
Lightning Source LLC
Chambersburg PA
CBHW070917160426
43193CB00011B/1490